퀀트 트레이딩 바이블

주린이를 위한 주식 투자 지침서

주식 트레이딩 바이블

권혁렬 지음

STOCK
TRADING

한국경제신문*i*

| 추천사 |

코로나19 이후 주식 투자 열풍이 불었으며 주식 투자가 일상이 되었다. 우리 증시는 코로나19의 영향으로 3월 증시 대폭락 이후 V자 반등했다. 정부의 슈퍼 경기 부양책과 저금리 정책에 따른 유동성 공급 덕분이다. 누구나 주식 투자로 돈을 벌고 싶어 하지만 수익을 내는 것은 쉽지 않다. 이에 멘토킹 대표이며 퀀텀리서치 수석연구위원인 권혁렬 대표가 30년 가까이 선물과 옵션, AI 투자 자문, 주식 투자 등의 실전 경험을 바탕으로 《주식 트레이딩 바이블》을 세상에 내놓게 된 것을 진심으로 축하한다.

권혁렬 대표는 내가 재직하고 있던 경기대학원 국제금융공학과에서 〈선물시장 및 옵션시장의 매매형태와 운용전략 연구〉 논문으로 석사학위를 받았으며, 전(前) 동양증권 마포지점장, 동양증권 자산운용본부 운용역, 하나IB증권 자산운용본부 운용역, 아이엠투자증권 투자공학운용부장, 신한금융투자 PB팀장, 로보트레이더 투자 자문 대표이사, 경기대학교 일반대학원 디지털금융공학과 겸임교수 및 강사를 역임했다. 현재 멘토킹 대표이사, 퀀텀리서치 수석연구위원과 한국 TV, 엑스원, 리딩스탁 대표 전문가로 활동하고 있으며 과거 저서로는《선물옵션 트레이딩 바이블》이 있다.

최근 많은 초보 투자자들이 무작정 주식을 시작해서 대부분 어려움을 겪고 있다. '묻지 마 투자'를 하고 있는 많은 투자자들에게 도움을 주기 위해 주식 투자 시 습득해야 할 기본 사항, 중요 사항, 지켜야 할 사항, 실시간 매매 노하우, 재야 고수들의 매매 원칙 등 나침반과 같은 중요한 지침을 제시하고 있다.

한 번에 서너 배의 대박을 좇는 것은 주식 투자에서 매우 위험하다. 체계적인 리스크 관리를 통해 꾸준한 수익을 내는 것이 중요하다. 그러기 위해선 시황을 정확하게 읽고 해석할 수 있어야 한다. 주식 투자는 오랜 시간 연구하고 공부해야 하며 상당 시간이 흐른 뒤 투자 경험과 시행착오에서 깨닫게 된 매매 원칙, 매매 전략과 매매 방법으로 투자해야 성공할 수 있다. 또한 충분히 준비된 후 투자해야 성공한다. 이 책은 주식 투자 독자들에게 이에 대한 해답을 줄 수 있는 지침서이다.

이 지침서에서는 글로벌 시황, 국내 시황과 산업 시황을 해석하는 방법, 기본적 분석과 기술적 분석 사례 등이 담겨 있다. 돈을 잃는 개인 투자자들은 글로벌 증시와 국내 증시의 상관관계에 대한 이해가 부족하고, 리스크 관리에 대한 개념이 없다. 감에 의존해 손실을 키우는 투자자들이 대부분으로 이런 투자자들에게 이 책은 체계적 리스크 관리와 매매 기법 설명을 통해 주식 투자의 나침반과 전문가가 될 수 있는 좋은 지침서가 될 것이다. 주식 투자자라면 꼭 한번 《주식 트레이딩 바이블》을 읽어보기를 바란다.

– 경기대 김기흥 명예교수
전(前) 입법조사처 경제조사실장·경기대학교 부총장

2020년 코로나19(코로나바이러스감염증)는 글로벌 경제와 우리 경제에 엄청난 폭풍을 몰고 왔다. 코로나19는 대공황에 준하는 경기 침체를 동반했고, 주식 시장은 사상 유례없는 대폭락으로 많은 투자자들을 공포와 절망에 빠뜨렸다. 그러나 과거 역사가 그러했듯이 글로벌 경제는 빠르게 회복했으며 글로벌 증시는 역사상 최고점을 경신했다.

과거 대공황과 금융위기를 경험한 글로벌 주요국들의 발빠른 대책과 행동은 슈퍼 경기 부양책과 사상 최저 금리에 따른 유동성 공급으로 이어졌다. 이러한 노력은 한순간 나락으로 떨어졌던 글로벌 경제를 안정시켰으며, 폭락했던 글로벌 증시를 V자 반등하게 만들었다.

주식 시장의 폭락과 폭등은 고통과 좌절을 기쁨과 희망으로 빠르게 바꿔놓았고, 증시 폭락을 버텨낸 많은 용기 있는 투자자들에게 엄청난 수익을 안겨줬다. 특히 우리 정부는 공매도 금지와 뉴딜정책의 추진으로 외국인과 기관의 공격적인 매도 속에서도 개인 투자자들이 수익이 날 수 있는 환경을 제공했다.

공매도 금지는 기울어진 운동장을 잠시나마 평평하게 했으나 파생상품을 활용한 전략과 '시장조성자 제도'를 이용한 기관과 외국인의 공매도는 지금도 계속되고 있어 제도의 보완과 개선이 필요한 상황이다. 정부는 신속히 기울어진 운동장에 대한 개선책을 마련해 개인 투자자들도 공정한 투자를 할 수 있는 환경을 조성해주었으면 한다.

최근 우리 증시는 많은 종목들이 3월 저점 대비 수십에서 수백 %의 주가 상승을 보였다. 특히 진단키트·치료제·백신 관련주 중 일부는 코로나19의 수혜로 수천 %의 주가 상승을 보인 종목들도 생겨났다.

또한 코로나19의 영향으로 주식 시장은 새로운 패러다임을 경험하고 있다. 콘택트(대면) 산업의 몰락과 사양화가 빠르게 진행되고 있고, 언택트(비대면) 산업의 급성장은 관련주들의 주가 상승으로 이어지고 있다. 이러다 보니 주식 투자가 사회적 이슈로 떠올랐고, 남녀노소 너나없이 주식 투자(투기)에 뛰어들고 있다.

주식 투자는 증시 상황(급등장·상승장·횡보장·하락장·급락장)과 투자자의 상황(투자 경험·나이·투자 자산)에 따라 투자 전략과 매매 방법을 달리해야 한다. 그런데 일부 금융회사 관계자들은 무조건 장기 투자가 절대 진리인양 대박이 가능하다고 마케팅하고 있다. 경험과 투자 원칙이 없는 초보 투자자에게 주식 투자는 어렵고 위험한 것이니 전문가인 기관에 맡기라고들 하는데, 펀드 수익률을 보면 정말 마케팅 하나는 잘한다는 생각이 든다.

엊그제 90세 고령 투자자가 주식 계좌를 개설했다는 뉴스를 보면서, 방송에 나와 개미들을 꾀는 데 열을 올리는 전문 마케터들의 전략이 성공해서 증시에 다시 버블이 생겨나고 있다는 것을 느꼈다. 90세 고령자분들도 장기 투자를 해야 하는지, 주식 투자를 말려야 하는 건 아닌지, 방송에 나와서 주식 투자를 하라고 열을 올리기보다는 주식 투자의 위험, 원칙과 전략에 대한 교육이 선행되어야 하는 건 아닌지 생각이 복잡해진다.

주식 투자는 수년에서 수십 년 간 좋은 종목으로 장기 투자하는 것이 안정적인 수익과 리스크 관리 면에서 유리하다. 그러나 좋은 종목을 찾을 수 있는 분석 방법과 투자 원칙이 없는 투자자들이 대부분이기 때문에 일정 기간은 수익보다 매매 전략과 효율적인 매매 방법 연구가 우선되어야 한다. 금융회사는 양질의 교육부터 제공하고 주식 투자를 권유했으면 하는 바람이다.

우리 증시는 메이저들의 공매도를 이용한 롱숏전략이 주 매매 방법이며 최근에는 기계(알고리즘)들에 의한 단타가 활개를 치고 있다. 또한 개인 투자자들의 신용·미수로 테마주들의 주가 변동성이 하루 수십 %에 달한다. 이렇게 변동성이 큰 롤러코스터 시장에서는 매매 원칙과 매매 전략을 다르게 해야 하는데, 주린이(주식 투자자＋어린이를 합성한 신조어)에게 조금이나마 도움이 되었으면 하는 마음으로 경험에 따른 주식 투자 지침서를 준비했다.

1장에서는 주식 투자를 하기 전 필수 숙지 사항 3가지에 대해 설명했다. 시간대별 특징과 매매 방법이 다르다는 걸 이해하기 바라고, 주식 시장의 참여자들을 동물의 왕국에 비유해 특징을 설명했다. 주식 시장은 약육강식이 지배하고, 그야말로 '쩐의 전쟁터'라는 사실을 빨리 깨달았으면 한다.

2장에서는 내가 주식 투자자들을 대상으로 수개월간 교육했던 내용을 담고 있다. 가치 투자와 모멘텀 투자에 대한 내용, 메자닌 분석 방법과 활용법에 대해 실시간 교육했던 자료들을 잘 살펴보기를 바라고, 또한 기술적 지표 5가지를 활용한 트레이딩 시나리오 방법을 숙지했으면 한다.

3장에서는 주식 투자와 관련된 기본 용어들을 설명했다. 주식 투자를 하려면 기본적인 지식과 용어에 대한 이해가 필요하므로 가볍게 읽어보기를 바란다.

4장에서는 내가 증권 방송에서 추천했던 종목들과 시청자가 상담을 요청했던 종목들에 대한 실제 분석 사례를 소개했다. 종목을 분석할 경우 기업 내용과 실적을 바탕으로 정성 요인과 정량 요인을 살펴야 하고, 차트와 기술적 지표를 활용해서 매매 시나리오를 작성하는 것이 중요하다. 실 사례 분석 내용을 참고해 관심 종목들을 분석할 때 활용하기 바란다.

30년 가까이 주식 시장에서 경험한 중요한 내용들과 시행착오 끝에 정립한 투자 원칙, 투자 전략, 주식 투자 노하우 등을 다양하게 담으려고 노력했다. 이 책이 주린이들이 성공적인 주식 투자자가 되는 길에 필요한 바이블이 되었으면 하는 바람이다. 아무쪼록 옆에 두고 정독해 고수가 되길 진심으로 기원한다.

마지막으로 수십 년간, 미흡한 제자를 진심을 다해 가르쳐주시고 이끌어주신 김기흥 교수님과 수년째 파트너로 동고동락하는 오재승 팀장, 이 책을 발간하는 데 도움을 주신 모든 관계자분들께 진심으로 감사드린다. 또한 세상에서 가장 존경하는 아버지 권오석 님과 사랑하는 나의 아내 혜림, 사랑하는 큰아들 범준, 사랑하는 작은아들 민서, 그리고 생사고락을 함께하는 사랑하는 모든 멘티님들께 진심으로 감사드린다.

권혁렬

| 차례 |

PART 01   주식 투자, 이 3가지는 꼭 알고 시작하자

PART 02   실시간 매매 교육 노하우

주식 투자, 이 3가지는 꼭 알고 시작하자

1장에서는 주식 투자를 하기 전 필수 숙지 사항 3가지에 대해 설명했다. 시간대별 특징과 매매 방법이 다르다는 걸 이해하기 바라고, 주식 시장의 참여자들을 동물의 왕국에 비유해 특징을 설명했다. 주식 시장은 약육강식이 지배하고, 그야말로 '쩐의 전쟁터'라는 사실을 빨리 깨달았으면 한다.

01

주식 투자 시
습득해야 할 기본 사항

투자자에게 맞는 증권회사를 선택하라

　우리 증시는 코로나19의 영향으로 3월 증시 대폭락 이후 V자 반등했다. 정부의 슈퍼 경기 부양책과 저금리 정책에 따른 유동성 공급 덕분이다. 특히 정부의 부동산 규제와 억제로 부동자금이 빠르게 주식 시장으로 옮겨오고 있는 상황이다. 많은 투자자들이 재테크 수단으로 주식 투자에 관심을 갖기 시작했고, 남녀노소 너나없이 주식 투자(투기)에 참여하고 있는 상황이다. 주식 투자는 이제 대한민국의 톱이슈가 되었다.

　주식 투자를 시작하려면 먼저 증권사를 선택해야 하는데, 국내 수십여 개 증권사는 대부분 비슷비슷한 프로그램과 수수료 정책으로 고객에게 서비스를 제공한다. 투자자에게 맞는 증권사를 선택하려면 3가지를 비교해봐야 한다.

첫째, HTS(홈트레이딩시스템)·MTS(모바일트레이딩시스템) 등 프로그램이 우수해야 하고, 전산장애가 없어야 한다. 최근 많은 투자자들이 주식 투자에 몰리다 보니 자주 전산장애가 발생하는데, 과거 전산장애가 없었거나 장애 시 고객 친화적 보상체계를 운영하는 증권사와 거래해야 손해를 보지 않는다. 특히 편리한 기능과 사용법을 제공하는 증권사와 거래하는 것이 유리하다.

둘째, 주식 투자에 대한 기초 지식과 교육을 지원하는 증권사가 유리하다. 일부 증권사는 돈벌이에만 열을 올리는데, 최소한의 주식 투자 기초 내용을 제공하고, 투자자에게 무료로 교육을 지원하는 증권사를 선택해야 후회하지 않는다. 주식 투자는 상당 시간의 투자 경험과 많은 시행착오에서 정립된 투자 원칙과 매매 방법으로 투자해야 손실을 보지 않는다. 이왕이면 주식에 대한 교육과 지원이 있는 증권사를 선택하기 바란다.

셋째, 수수료가 무료인 증권사를 선택해야 유리하다. 대부분의 증권사들이 비대면 계좌 개설 시 평생 무료 수수료를 제공하고 있는데, 인터넷을 살펴보고 비교해서 가급적 매매 수수료가 무료인 증권사와 거래해야 한다. 주식 투자를 하다보면 상황에 따라 장기 투자, 단기 투자, 스윙·단타 트레이딩을 하게 되는 상황이 발생하는데, 수수료와 세금 차이가 생각보다 꽤 크다. 또한 주식 매매 시 증권회사 직원(관리자·콜센터)이 주문한 경우와 HTS·MTS로 직접 주문한 경우 수수료 차이가 발생한다는 것을 알고 투자하기 바란다(증권사마다 수수료 차이가 있다). 예를 들어, 1억 원을 거래하면 수수료가 무료인 경우, 매수할 때는 수수료가 없고 매도할 때는 거래소 0.25%, 코스닥 0.25%의 세금이 발생한다.

수수료 무료일 때 1억 원을 거래할 경우

→ 매수 수수료 0원＋매도 수수료 0원＋세금 250,000원＝거래소 및 코스닥 각 250,000원 발생(유관기관 수수료 별도)

또한 수수료가 유료인 경우 대부분의 증권사가 매수할 때와 매도할 때 수수료가 발생하며 매도할 때 거래소 0.25%, 코스닥 0.25%의 세금이 발생한다.

수수료 유료일 때 1억 원을 거래할 경우

(직원·콜센터 주문 시 통상 0.50%)

→ (대략) 매수 수수료 500,000원＋매도 수수료 500,000원＋세금 250,000원＝거래소 및 코스닥 각 1,250,000원 발생(유관기관 수수료 별도, 증권사마다 수수료 차이 있음)

수수료 유료일 때 1억 원을 거래할 경우

(HTS·MTS 주문 시 통상 0.10%)

→ (대략) 매수 수수료 100,000원＋매도 수수료 100,000원＋세금 250,000원＝거래소 및 코스닥 각 450,000원 발생(유관기관 수수료 별도, 증권사마다 수수료 차이 있음)

이 책을 읽는 순간 이미 투자자들은 엄청난 돈을 절약하게 된다. 마지막으로 주식 투자는 오랜 시간 연구하고 공부해야 하며 상당 시간이 흐른 뒤 투자 경험과 시행착오에서 깨닫게 된 매매 원칙, 매매 전략과 매매 방법으로 투자해야 성공할 수 있다. 충분히 준비된 후 투자해야 유리하다.

자신이 거래하는 증권사의 HTS·MTS 중요 기능을 마스터하라

대부분 증권사들은 홈페이지에 자사 프로그램에 대한 설명을 제공하므로 세밀하게 살펴보고 궁금한 사항은 메모해둔다. 특히 증권사마다 특이한 기능이 있는데, 이런 것들은 꼭 숙지해야 된다(예를 들면 동시빠른분할주문, 동시손절주문 등이 있다).

프로그램을 살피다가 의문 사항이나 모르는 부분이 있다면 콜센터에 문의한다. 콜센터에서는 각종 문의 사항에 대해 자세하게 설명해주며 원격지원을 통해 프로그램 설정 및 사용법도 알려준다. 부담스러워하지 말고 장중에 의문 사항을 메모해두었다가 장 마감 후 콜센터에 전화해서 도움을 받아야 한다.

주문 방법은 기본 중에서도 기본이므로 꼭 숙지해야 하고, 사용 증권사의 편리한 기능도 꼭 알아두자. 특히 클릭주문, STOP손절주

유안타증권 홈페이지 티레이더 설명

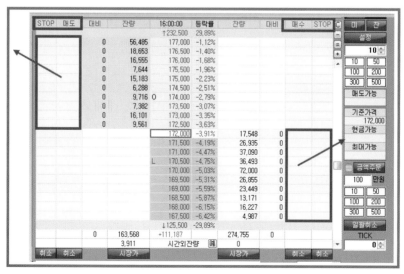

유안타증권 티레이더 클릭주문

문 등 편리한 기능은 반드시 숙지하자.

클릭주문을 활용하면 마우스 드래그로 빠르게 매수와 매도 주문을 낼 수 있다. 또한 STOP주문 화면에 미리 걸어놓으면 감정적이 아닌 이성적(기계적)으로 매매할 수 있다.

빨간 네모 안(안쪽) 매도·매수 주문 자리에 사전 세팅된 매매 수량을 대략 5~10개 호가로 깔아놓는 것이 유리하다. 최근 기계(알고리즘)들의 초단타 매매와 개인 신용·미수에 따른 급등락이 빈번한데, 미리 분할해서 깔아놓으면 일시적인 급등과 급락에 고점 매도와 저점 매수가 되어 유리하게 매매할 수 있다.

빨간 네모 안(바깥쪽) STOP주문 자리에 매도·매수를 미리 넣어놓으면 가격을 터치하는 순간 빠르게 매도·매수할 수 있다. 주문 취소 또는 정정 시간을 최대한 단축할 수 있어 빠른 매매가 가능하다. 기계적인 매매, 즉 감정이 아닌 이성에 의한 매매를 할 수 있어 유리하다.

다음 페이지의 분할 매수·분할 매도 주문으로 매매할 경우 버튼만 누르면 자신이 설정한 조건으로 매매 가능하기 때문에 빠르게 매매를 체결할 수 있다. 일일이 여러 번 주문하는 번거로움과 시간을 절약할 수 있다. 사용 증권사의 유용한 기능은 꼭 숙지해서 매매에 활용하자.

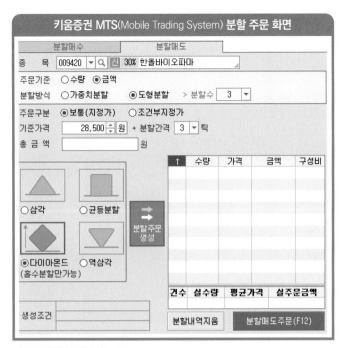

키움증권의 MTS 분할 주문

　사용 증권사의 HTS·MTS 기능을 파악하지 않거나 활용하지 않는 것은 한마디로 전쟁터에서 박격포와 기관총을 사용하지 않고 권총으로만 전투를 치르는 것과 같다. 내가 사용하는 증권사의 HTS·MTS는 생명줄과 다름없다. 돈을 잃고 싶다면 계속 단순 매수·매도 주문만 하시기를!

시간대별 매매 특징과 방법을 이해하라

▌장 전 시간 외 종가

장 전 시간 외는 8시 30분~8시 40분까지 10분간 거래되는데, 이때 호가 접수되는 내용에 따라 시초 출발에 대한 판단과 예측이 가능하다. 시간 외 매수가 많은 정도에 따라 갭상승의 크기가 커지고, 시간 외 매도가 많은 정도에 따라 갭하락의 크기도 달라진다. 대략 수십만 주 이상의 매수 호가 또는 매도 호가가 쌓여 있으면 시초가 급등 또는 급락하는 경향이 있다. 시간 외 단일가는 장 시작 전 호재와 악재가 반영되는 시간으로 Long(매수)-Short(매도) 포지션의 판단 기준이 된다.

▌아침 동시 호가

아침 동시 호가는 8시 30분~9시까지 30분간 접수를 받는데, 우선순위는 가격순, 시간순, 물량순이다(상한가·하한가 시 100주 분할 매매가 유리하다). 이 시간에는 호재와 악재가 주가에 전부 반영되는 모습을 보이는데, 일반적으로 세력들이 상한가·하한가 주문을 넣어보며 매수와 매도 물량을 체크한다. 상한가 주문을 넣으면서 어느 가격에 얼마의 매도 잔량이 쌓여 있는지 파악하고, 하한가 주문을 넣으면서 반대로 어느 가격에 얼마의 매수 잔량이 쌓여 있는지를 파악하는 경우가 대부분이다.

동시 호가는 실제 가격과 상이한 경우가 대부분이기 때문에 이때 움직임에 따라 부화뇌동하면 큰 손실이 발생할 수 있다. 매수자는 낮은 가격(-3%, -7%, -11%)에 분할해 매수를 깔아놓고, 매도자는 높은 가격(+7%, +15%, +23%)에 분할해 매도를 넣어놓는 것이 유리하다.

가급적 8시 55분까지 호가를 살펴보고, 8시 59분에 매매 주문을 넣는 것이 유리하다(매수는 최대한 싸게, 매도는 최대한 비싸게). 간혹 자신의 주문(물량이 많을 경우) 때문에 시초가가 고가가 되거나 저가가 될 수도 있으므로 매매 시 주의해야 한다.

글로벌 증시 급등으로 아침 동시 호가 상승이 예상될 경우 매수 시, 전일 대비 +3% 이하에 분할 매수를 깔아놓는 것이 유리하고, 글로벌 증시 상승에도 약보합으로 출발할 경우 매수 시, 전일 대비 +1%에서 -1% 사이에 분할 매수를 깔아놓는 것이 유리하다. 상황에 따라 체결 후 바로 급등하는 경우가 발생하는데, 대부분 알고리즘(기계 매매)에 따른 급등으로 평단 대비 +5%에서 +7% 이상에서는 분할로 매도하는 것이 유리하다.

반대로 전체 증시가 급락 출발할 때 매도 시, 전일 대비 -3%에서 -1% 사이에 매도를 넣어놓는 것이 유리하나 시초가 신용·미수 반대 매물로 급락 후 재반등하는 경우가 대부분이기 때문에 추격해서 매도하는 것은 불리하다. 또한 약보합 출발할 때는 전일 종가 3호가 아래 정도에서 매도하는 것이 유리하다.

▎장 중 대응 오전

일반적으로 오전장은 9시~12시까지를 말한다. 시초가에는 전일 글로벌 증시 내용과 밤 사이 있었던 호재와 악재가 모두 반영된다. 일반적으로 호재와 악재는 장 시작 후 30분간 반영되는데, 전일 시간 외 단일가 종목 중 급등 종목은 상승 출발, 급락 종목은 갭하락 출발하는 경향을 보인다. 톱픽 종목은 +10% 이상 출발한 후 세력들의 싸움에 따라 매수세가 강하면 바로 급등 또는 상한가로 가는 경우가 있으며 매도세가 강하면 급등 출발 후 보합까지 쭉 밀리는 모습을 보인다.

매도는 주로 바닥에서 소문에 매집해놓은 세력이나 전일 시간 외 단일가에 매수한 세력이 익절하는 것으로 시간 외에서 상한가 물량이 쌓여 있지 않았던 종목들은 보합까지 눌림을 주고 재반등하는 경향이 크다.

시초가 매수한 경우는 가급적 매수 평단 대비 +7% 또는 +5% 이상에서 분할 매도하는 것이 유리하다. 소문에 바닥에서 매집해놓은 경우가 아니면 가급적 시초가 상승에 전부 매도하고 눌림을 기다리는 것이 유리하다.

글로벌 증시 급락 시에는 가급적 시초가에 미수 반대 매매 물량이 쏟아지기 때문에 아침동시 호가 하락폭을 살펴서 전일 대비 −3%에서 −1%까지 분할로 매도를 넣어놓는 것이 유리하다. 시초가에는 대부분 미수 반대 매매가 나오기 때문에 글로벌 증시 급락일 경우 하락폭이 커져서 나오는 경우가 많다.

소형주들은 대략 전체 지수가 - 2% 하락 시 2~3배(-4%에서 -6%) 정도 빠져서 출발하는데, -5% 이상 급락 출발 시에는 오히려 반대로 1차 -5%, 2차 -7.5%, 3차 -10% 정도 가격에 분할 매수해 반등에 매도하는 것이 유리하다.

아침 시초가 매도는 대부분 신용·미수 반대 매매와 겁먹은 개미 투자자들의 손절인 경우가 대부분이어서 급락이 클수록 반등도 크다. 일반적으로 시초가 하락폭이 클수록 반등폭도 큰데, 개인적인 경험으로는 대략 30~60% 되돌림을 주고 하락하는 경우가 많다. 글로벌 증시 급락 시에는 시초가 급락 후 반등에 매도를 해야 손실을 줄일 수 있다. 추격 매도는 자제하는 것이 유리하다.

주식 시장은 오전 10시~11시에 당일 고점과 당일 저점을 형성하는 것이 일반적이기 때문에 중장기 투자하는 분들도 매수는 10시~11시 사이 저점에서 매수, 매도도 10시~11시 사이 고점에서 매도하는 것이 유리하다. 11시~13시 점심시간에는 메이저들과 세력들이 잠시 쉬면서 작전을 짜는 시간으로 대부분의 종목들이 눌림을 준다. 이 시간에 집중적으로 매매하는 세력들도 있다. 매수 호가나 매도 호가가 얇기 때문에 급등락이 가능한 시간으로 급락 시 분할 매수, 급등 시 분할 매도가 유리하다. 시초가 스윙·단타 매수 타이밍을 놓친 분들은 이 시간에 오전장 급등 종목 또는 이슈 종목을 눌림에 매수하는 것이 유리하다.

▌장 중 대응 오후

오후장의 매매 시간은 12시~15시 20분까지로 이 시간의 증시
는 중국 증시의 움직임과 실시간 시간 외 증시(나스닥·S&P) 움직임
이 가장 큰 영향을 미친다. 12시 이후 중국 증시와 시간 외 증시 상
승폭이 커지면 점심 눌림 후 오후에 추가 상승하면서 종가가 고가로
마감하는 경우가 많다(대략 60%).

반대로 12시 이후 중국 증시와 시간 외 증시 하락폭이 커지면 오
후에 신용 반대 매매·스탁론 반대 매매가 나오면서 지수 약세로 마
감하는 경우가 많다(오전에 미수·신용을 쓴 투자자들의 손절 물량이 한 번
에 쏟아지는 경향이 있다).

특히 오전까지 강세 흐름을 보이던 종목들도 함께 줄줄 흘러내리
는 모습을 보이기 때문에 시간 외 증시가 하락하거나 급락하는 모습
을 보이면 일단 반 매도한 후 종가에 재매수하거나 다음 날 매수하
는 것이 유리하다. 외국인과 기관들의 알고리즘(바스켓) 매매가 시간
외 증시와 연동되어 운용되기 때문에 시간 외 증시는 꼭 살펴서 주
식 비중을 조절해야 한다.

최근 메이저들이 하루에도 수십에서 수백 번 이상 기계(알고리즘)
로 장 중 초단타 트레이딩을 많이 하고 있다. 장 중 대응이 어려운
투자자들은 아침(개장 전)에 다소 번거롭더라도 미친 척하고 위 호
가(+7%, +15%, +23% 이상 분할 매도)에 매도, 아래 호가(-3%, -7%,
-11% 이하 분할 매수)에 매수를 깔아놓고 매매하는 것이 유리하다.

▌마감 동시 호가

마감 동시 호가는 15시 20~15시 30분까지 10분간 진행되는데, 주로 야간 글로벌 증시의 바로미터인 시간 외 증시 움직임에 따라 포트 비중을 조절할 때 주로 활용한다. 시간 외 증시 급등 또는 강세일 때는 일반적으로 비중을 확대하고, 시간 외 증시 급락 또는 약세일 때는 일반적으로 비중을 축소한다. 그러나 신규 포트 종목에 편입할 경우에는 시간 외 증시 약세에도 1차 분할 매수한다. 특히 하락폭이 클 경우 매수가 유리하다.

보통 10분간 취합해 가격이 결정되는데, 가격(매수 시 높은 가격, 매도 시 낮은 가격), 시간, 수량순으로 체결된다. 마감 동시 호가 체결 시는 무조건 체결시키기 위해, 대략 매수 시에는 10호가 위 가격으로 넣어놓고, 매도 시는 10호가 아래 가격으로 넣어놓는다.

참고로 아침 동시 호가와 마감 동시 호가에 상한가·하한가 시작 또는 마감 시에는 100주씩 분할로 매수·매도를 넣어야 상한 배분·하한 배분되어 분할 체결된다. 상한가 하한가 매매 시에는 항상 100주씩 분할해서 주문을 넣어야 유리하다.

▌장 후 시간 외 종가

장 후 시간 외는 15시 40분~16시까지로 20분간 거래되는데, 이때는 장 중 매매하지 못했던 물량을 매도·매수할 때 활용한다. 거래 물량에 따라 시간 외 단일가 분위기를 알 수 있다. 장 후 시간 외 매물이 많은 정도에 따라 시간 외 단일가 갭상승, 갭하락 출발 크기가 달라진다. 장 마감 후 호재와 악재가 가장 빠르게 반영되는 시간이다.

시간 외 단일가

시간 외 단일가는 16시~18시까지 2시간 동안 10분 단위로 거래된다. 장 마감 후 호재와 악재가 반영되는 시간인데, 세력들이 적은 물량으로 상한가·하한가를 만들 수 있기 때문에 이 시간을 이용해 많이 작업들을 한다. 실제 다음 날 상승·하락 여부는 거래량을 수반해서 상승했느냐 하락했느냐가 중요하다. 수십만 주(대략 30만 주) 이상 거래되고, 상승하거나 하락한 경우 추세대로 움직일 가능성이 높다. 특히, 상한가 잔량에 수십만 주씩 매수가 쌓여 있거나 하한가 잔량에 수십만 주씩 매도가 쌓여 있는 경우 다음 날 추세대로 움직일 가능성이 높다.

거래량 없이 급등하거나 상한가로 간 경우는 가급적 반 정도 물량을 시간 외 단일가에서 매도하고 가는 것이 유리하다. 반대로 거래량 없이 빠지거나 급락한 경우 18시까지 살펴봐야 진위 여부를 알 수 있다(일반적으로 거래량 없이 빠진 경우 보합 부근에서 마감한다). 간혹 개미 물량을 뺏기 위해 시간 외 단일가에서 급락시켰다가 종가에 올리는 경우가 있다. 특별한 이유(메자닌 발행, 감자, 소송 등 장 마감 후 악재 뉴스 등) 없이 빠진 경우는 추격 매도보다 관망하는 것이 유리하다.

주식 시장의 기본 용어·내용을
투자 전에 공부하라

보통주

경제 이익 배당이나 잔여 재산 배분에 대해 특별한 권리 내용이 딸려 있지 아니한 보통의 주식, 또는 주주평등의 원칙에 따라 평등하게 배당받는 주식의 일반적인 형태를 보통주라고 말한다.

우선주

보통주에 대비되는 개념으로 보통주에 비해 이익이나 이자의 배당 또는 잔여 재산의 분배 등 재산적 내용에 있어서 우선적 지위에 있는 주식을 말한다.

배당락(配當落, 예-Dividend)

어떤 주식의 배당 기준일이 지나 배당금을 받을 권리가 없어지는 상태를 말한다. 주식회사에서는 매 영업연도 종료 후 결산 확정과 잉여금 처분을 위한 정기주주총회를 개최한다. 이 주주총회에서의 의결권과 배당 수령권을 확정하기 위해 권리확정일을 매 영업연도 최종일로 하고, 그 익일부터 주주총회 종료일까지 주주명부를 폐쇄하고 주식의 명의개서를 인정하지 않는다. 이때 명의개서 정지 개시일인 영업연도 종료일 다음 날부터 주식을 매수하는 자는 전 영업연도 결산에 대한 이익 배당을 받을 권리가 없게 되므로 증권거래소는 이를 중시한다. 따라서 보통 배당 기준일 다음 날의 주가는 전일의 주가보다 배당금만큼 떨어져 결정되는데, 이를 배당락이라고 한다.

권리락(權利落, 예-Rights)

회사가 증자(增資)를 할 때, 어느 일정한 기일까지 주식을 소유한 사람에게만 신주(新株)를 배당하기 때문에, 그 이후에 주식을 산 사람에게는 배당을 받을 권리가 없어지는 일을 말한다. 즉, 주주가 현실적으로 주식을 소유하고 있더라도 주주명부가 폐쇄되거나 배정 기준일이 지나 신주를 받을 권리가 없어진 상태를 말한다. 권리락의 경우 주가는 권리부(배당 및 신주를 받을 권리를 갖고 있는 주식) 시세에서 조정되는 것이 보통이다. 일반적으로 증자의 경우 신주인수권이 없어진 상태를 말하고, 배당권이 없어진 경우는 배당락이라고 한다. 한편, 권리락이 됨에 따라 신주권이 없는 상태의 주식 가격을 권리락 주가라고 부른다.

출처 : 네이버 지식백과 참조

예를 들면 먼저 보통주와 우선주, 기타 주식의 종류와 특성 등은 사전에 꼭 숙지해야 한다. 또한 배당락과 권리락 등은 기준일까지 주식을 매수해야 권리가 있다. 일반적으로 기준일 2일 전까지 매수해야 권리가 인정되므로 꼭 살펴서 매매한다.

메자닌(Mezzanine)

사전적 의미로는 돈을 빌려준 사람이 담보권 대신에 높은 이자나 주식에 대한 인수권 따위를 받는 후순위채를 말한다. 원래 메자닌은 건물 1층과 2층 사이의 라운지 공간을 의미하는 이탈리아어인데, 채권과 주식의 중간 위험 단계에 있는 전환사채(CB)와 신주인수권부사채(BW)에 투자하는 것을 말한다. 주가 상승장에는 주식으로 전환해 자본 이득을 취할 수 있고, 하락장에서도 채권이기 때문에 원금 보장이 되고, 사채 행사 가격 조정(리픽싱)에 따른 이득 또한 챙길 수 있다. 주식과 채권 등에 투자하는 펀드 등에 자주 '메자닌'이라는 이름이 붙는다. 메자닌 투자는 발행 기업의 채무불이행 가능성을 잘 살펴보고 투자하는 것이 관건이다.

출처 : 네이버 지식백과 참조

요즘 들어 주식 투자에 있어 꼭 살펴봐야 할 기업 내용으로는 메자닌이 있다. 일반적으로 메자닌은 전환사채(CB)와 신주인수권부사채(BW)를 말하는데, 다음의 3가지가 중요하다.

- 구(舊)주주 배정, 제3자 배정
- 전환가 · 행사가
- 리픽싱 조항(일반적으로 70%, 제3자 배정 시 85%)

통상 구주주 배정(대주주 또는 기존 주주)은 악재로, 제3자 배정(금융기관 또는 일반 법인)은 신규 자금 유입이라 호재로 반영된다. 전환가나 행사가는 통상 현재가의 15% 미만 할인된 가격으로 산정되는 경우가 많은데, 중요한 부분은 리픽싱 조항이다. 일반적으로 전환가·행사가의 70% 선을 주가 조정 최저 한도로 발행하는데, 간혹 리픽싱 가격을 액면가까지 최저 한도로 설정하는 기업이 있다. 때때로 대주주와 세력들이 결탁해 제3자 배정(대부분 사모펀드·투자 조합)으로 주가를 부양한 후 메자닌을 발행(리픽싱 액면가)하는데, 공매도와 대차매도를 통해 상승한 주가를 급락시키는 경우가 있어 주의가 필요하다.

대주주의 주식 비중이 적고 적자가 연속되는 기업이 주로 세력들의 먹잇감이 된다. 특히 연속 적자 기업이 "M&A한다"더라 "대박 수주했다"더라 등 카더라 통신에 의한 소문이 들리는 종목들은 주가 급등 후 폭락하는 경향이 있어 주의가 필요하다. 참고로 메자닌을 확인하는 방법은 금감원공시자료(DART)의 사업보고서·분기보고서 항목 중 '3. 자본금 변동사항'을 살펴보면 상세하게 알 수 있다.

미상환 전환사채와 신주인수권부사채 발행 현황을 보고 미전환·미행사 메자닌이 있다면 발행 날짜를 확인해서 행사가격과 리픽싱 조항을 살펴봐야 한다. 이외 기타 주식과 관련된 내용과 용어들은 수시로 생각날 때마다 인터넷과 관련 서적을 통해 알아보고 숙지해야 한다. 이 내용은 3장 꼭 알아야 할 주식 투자의 기본과 용어에서 자세하게 다루겠다.

2

주식 투자 시
알아야 할 중요 사항

국내 주식 시장 참여자의
매매 특징·방법을 이해하라

주식 시장 참여자들을 동물의 왕국에 비유해보면 다음과 같다. 이는 30년 가까이 주식 시장에서 경험하고 느낀 지극히 개인적인 생각임을 미리 밝힌다.

외국인

누굴 먼저 볼까요?

힘센 투자자부터 봐야겠죠.

동물의 왕 사자입니다.

외국인은 우리 주식 시장에서 자산 규모가 두 번째로 크지만 실제 운용되는 하우스(본부·팀) 또는 운용 인력이 적기 때문에 영향력이 가장 큽니다.
국내 거대 자금을 운용하는 외인 하우스가 20곳도 안 되는 것으로 파악됩니다.

1. 외국인 투자자입니다. 외국계 금융사들로 헤지펀드운용사, 사모펀드운용사, 기타 외국기관 등으로 분류합니다.

이들의 매매 특징을 보겠습니다.

대부분 대형주나 중형주들로 시총 1조 원 이상의 종목으로 매매합니다. 통상 주식 시장의 대장주 또는 주도주 등으로 거래합니다.

자금력이 크고 정보력이 매우 빠릅니다. 다양한 인맥(주로 학연)으로부터 정보를 얻고, 선정한 종목을 집중적으로 매수하는 경향이 있네요.

자금력이 크다 보니 주가 위치는 상관하지 않습니다. 주로 성장성과 실적 등을 보고 매매합니다(국내외 이슈 관련 테마는 거의 안 봅니다).

주요 전략으로 공매도, 주식 롱숏, 합성 차익(주식·채권·환율·파생 상품) 등을 구사하며, 대부분 프로그램(알고리즘)으로 바스켓 매매/자동 매매를 합니다.

운용 규모가 수천억 원에서 수조 원에 달하기 때문에 우리 주식 시장의 가장 큰 포식자입니다.

외국인들은 서로 정보를 공유하고 비슷한 전략을 구사합니다.

검은 머리 외국인

그다음으로 외국인 투자자로 분류되지만 가짜들도 있습니다. 배부른 하이에나입니다.

2. 일명 검은 머리 외국인입니다. 주로 역외펀드나 국외 계좌로 운용되며, 자금 출처가 불명확하고 파악이 어렵습니다.

불법자금이나 비자금들이 대부분으로, 주로 사모펀드나 부띠끄(유사 투자 자문업체)를 통해 거래되는 경우가 많습니다.

외국계 창구를 통해 거래되는 자금들도 통상 외국인 투자자로 집계되기 때문에 특히, 소형주들과 액면가 미만 동전주들은 주의가 필요합니다.

기관

사자와 동급인 호랑이를 살펴보겠습니다. 사실 개인적으로 호랑이가 더 포악하다고 생각합니다.

3. 국내 기관 투자자입니다. 연기금, 공모·사모펀드를 운용하는 투신사나 운용사(펀드매니저) 등과 증권사(프롭트레이더·운용역), 은행(딜러), 보험, 기타 법인 등으로 분류할 수 있습니다.

우리 증권 시장에서 운용 규모가 가장 크면서 정보가 제일 빠릅니다. 자금력이 가장 크지만 운용 규모에 따라 매매 종목과 투자 전략이 다릅니다.

조직 구조상 본부, 팀, 개별 운용역으로 나눠지는데, 본부는 주식과 파생 상품, 환율, 기타 상품 등을 합성해서 수천억~수조 원 운용합니다. 팀은 통상 2,000억 원 이내로 운용하며 개별 운용역은 수십억 원~수백억 원 정도 운용합니다.

외국인 투자자와 마찬가지로 대형주, 중형주를 많이 매매하지만 팀 단위 개별 운용역들은 메자닌과 소형주들도 전문적으로 매매합니다.

자금력이 큰 운용역들은 주가 위치에 상관없이 대장주, 주도주로 매매하지만 자금력이 적은 운용역들은 소형주, 개별주들을 많이 매매합니다.

매수 선호 자리는 볼린저밴드 상단선(일명 꿀상단), 20 이평선 부근과 볼린저밴드 중심선(일명 꿀터치) 부근에서 분할 매수를 많이 합니다.

기관 투자자의 주요 전략은 공매도, 주식 롱숏, 합성 차익 등을 프로그램(알고리즘)으로 운용하는 것입니다. 일반적으로 기계 매매, 자동 매매, 바스켓 매매를 말합니다.

규모에 따라 다르지만 대부분 알고리즘 로직으로 프로그램 작업을 한 후에 직접 매매하는 운용역들이 많습니다.

기관 투자자들 중에서 수익률만 본다면 가장 뛰어난 운용역이 누구일까요?

정답은 증권회사 프롭트레이더입니다. 증권회사 고객의 자산이 아닌 회사 자산을 운용하는 운용역을 프롭트레이더라고 합니다.

이들은 대부분 1년 단위 계약직으로 수익금의 최대 50%까지 인센티브로 지급받기 때문에 증권회사 직원들이 가장 선호하는 보직입니다.

인센티브를 많이 받는 대신 BEP(대략 3억 원)를 달성하지 못하면 바로 퇴출됩니다.

프롭트레이더들은 단기 매매를 선호하는데, 최근에는 프로그램(알고리즘)을 이용해 초단타를 많이 합니다.

최근 중소형주들의 장중 급등락이 심하고 롤러코스터 움직임을 보이는데, 대부분 이들과 다음에 나올 슈개(슈퍼개미), 전문 투자자(큰손)들의 단타 매매 영향이 가장 큽니다.

▌슈퍼 개미

모든 개인 투자자들의 꿈이 슈개(슈퍼 개미)가 되는 것이다. 과거에는 100억 원 이상의 자산을 운용하는 투자자들을 슈퍼 개미라 지칭했지만, 최근 들어 50억 원 이상 운용하는 투자자들도 슈퍼 개미로 본다. 개인적으로 친분이 있는 슈퍼 개미가 몇 사람 있는데, 다들 증권회사 초년생일 때부터 인연이 되어 수십 년째 교류하고 있다. 이들은 돈을 벌었다는 결과보다 기업을 분석하고 투자 대상을 선정하는 과정, 트레이딩(짧은 매매를 선호한다) 과정에서 자신의 선택이 옳았음에 희열을 느끼는 경우가 많았다. 일반적으로 금융회사 관계자들은 장기 투자의 장점을 이야기하고, 장기 투자를 권유하지만 내가 아는 슈개들은 자신의 포지션을 한 달 이상 가져가는 경우가 없는 단기 매매를 선호한다. 엄밀히 말하면 반 이상이 스윙(5일 이내)과 단타(2일 이내)로 트레이딩한다.

이제 개인 투자자를 볼 차례네요.

여러분들 모두 개인 투자자일 것입니다. 혹, 사자나 호랑이가 있습니까?^^

개인 투자자도 다 같은 개인 투자자가 아닙니다. 엄밀히 넷으로 분류할 수 있습니다.

슈개(슈퍼개미), 큰손(전문 투자자), 고수, 하수입니다.

슈개는 동물로 치면 늑대로 볼 수 있습니다.

4. 개인 투자자 슈개(슈퍼개미)입니다.

대부분 자산가들이며 기관 운용역, 애널리스트 등을 조력자로 두고 있습니다.

이들은 주식·파생 상품, 부동산을 넘나들며 이익을 적극적으로 극대화합니다.

특징을 살펴보면, 먼저 뛰어난 정보력과 순발력이 있습니다.

단기 매매를 선호하고 방향성(주로 상승 방향) 매매를 선택해서 몰빵(분할해서 집중 매매)하는 경향이 있습니다.

자금력이 대략 50억 원 이상으로 혼자 매매하는 고독한 투자자가 대부분입니다.

절대 돈 있는 티를 내지 않습니다. 또 돈 벌었다는 이야기도 안 하는 투자자가 대부분입니다.

슈개들은 돌려 말하지 않고, 직설적으로 말하는 투자자가 많은데 '파리떼가 붙는다'고 절대 돈 이야기를 하지 않습니다.

철저한 원칙주의자들로 손절매를 칼같이 합니다. 모든 슈개들의 생존 비기는 손절매라고 해도 과언이 아닙니다.

손절매를 잘해야 슈개가 됩니다. 철저하게 손절 원칙을 지키기 바랍니다.

제가 아는 슈개들은 대부분 프로그램(알고리즘)으로 매매합니다. 요즘은 5,000만 원 정도 지불하면 프로그램을 만들어주는데, 몇 년 전만 해도 수억 원은 지불해야 했습니다.

젊은 투자자분들은 C언어 또는 파이썬 등을 직접 공부해서 프로그램을 만들어도 좋습니다. 기회가 되면 공부하세요!

전문 투자자(큰손)

5. 개인 투자자 큰손(전문 투자자)입니다. 전문 투자자는 동물로 치면 사냥개 정도로 보시면 될 것 같네요.

사실 이들이 주로 판(계획)을 짜서 슈개들과 함께 매매하는 경우가 많습니다.

뛰어난 분석력과 정보력, 순발력으로 무장했으며 주식 시장의 구조와 흐름을 너무 잘 아는 투자자가 대부분입니다.

차익 거래보다는 방향성(주로 상승 방향) 매매를 구사하며 중장기보다 단기 매매를 선호합니다.

일반적으로 정부 정책주와 매년 반복되어 발생하는 사회적 이슈(미세먼지, 태풍, 장마 등) 관련 종목들을 많이 매매합니다.

대략 5억 원 이상의 자금을 운용하며, 기관(금융회사) 인맥을 활용해서 정보 매매를 많이 합니다. 현업에 재직 중인 조력자들과 협력자들이 많습니다.

프로그램(알고리즘)으로 자동 매매를 했던 기관 운용역들이 대부분으로 철저한 계획과 시나리오에 따라 매매하는 특징이 있습니다.

감정을 배제한 철저한 이성주의자들로 특히 손절매에 있어 타의 추종을 불허하는 원칙주의자들입니다.

참고로 대부분의 전문 투자자(큰손)들은 주식 투자에 있어 손절매를 가장 중요하게 생각합니다.

개인 투자자(고수)

6. 개인 투자자 고수입니다. 동물로 치면 여우로 비유할 수 있는데, 눈치가 100단입니다.

고수들은 주식 시장에서 수십 년 이상 경험을 쌓고 수험료를 충분히 지불한 투자자들입니다. 자신만의 투자 원칙과 매매 전략, 방법이 있는 투자자들입니다.

순발력이 뛰어나고 산전수전(깡통 네댓 번은 기본) 모두 경험한 투자자들이 대부분입니다.

중장기 매매와 단기 매매 비중을 적절히 분배해서 투트랙(2가지 매매 방법)으로 운용하며 삼박자 매매를 중시합니다.

삼박자 매매란 진입 후 익절이든 손절이든 청산 후에 휴식을 갖는 매매 방법을 말합니다.

주식 시장에서 산전수전을 겪었기 때문에 정보력과 분석력을 갖췄으며, 특히 순발력이 뛰어납니다.

철저한 원칙과 계획하에 매매하며 여차하면 매도(리스크 관리)부터 하는 투자자들이 대부분입니다.

주식 시장을 좋게 보는 긍정론자들로 주식 매매를 즐기는 투자자들을 고수라 합니다.

사실 주식 투자는 부정론자, 비관론자, 불평불만주의자보다 항상 긍정적인 마인드로 매매하는 투자자들이 유리합니다.

항상 긍정적인 시각으로 매매하시기 바랍니다.

▌개인 투자자(하수)

하수는 동물로 치자면 토끼로 볼 수 있네요. 가장 아래에 있는, 항상 당하는 위치에 있는 투자자들입니다.

7. 개인 투자자 하수

하수는 경험이 없거나 주식 시장에 대한 지식이 부족한 투자자를 말합니다.

이제 막 주식 투자를 시작했거나 경험은 많으나 뚜렷한 원칙과 매매 전략·방법을 찾지 못하고 수년째 손실을 보는 투자자를 말합니다.

계획과 원칙이 없거나 잘못된 매매 습관으로 매매하는 특징이 있습니다.

초단타 매매를 선호하고 주가 급등 시 추격 매매를 선호하는 투자자들이 많습니다.

초단타 매매나 상따(상한가 따라잡기) 매매는 선수(교육된 투자자)들과 고수(경험이 쌓인 투자자)들의 영역입니다. 충분한 시장 경험과 노하우가 없다면 매매하지 않는 것이 돈 버는 지름길입니다.

지인과 뉴스의 카더라 통신(소문·루머)을 맹신하거나 계획 없이 물타기를 하는 투자자들이 대부분으로 분할 매수를 못하는(안 하는) 투자자들입니다.

물타기란 주가 하락 시 사전 계획 없이 싸다고 생각해서 추가 매수하는 것을 말합니다.

분할 매수는 사전 계획하에 일정 가격에 나눠서 매수하는 것을 말하고요.

이들은 계획이 없거나 즉흥적으로 매매하는 투자자들입니다. 감정에 따라 매매한다면 하수라고 생각하세요.

손절매를 하지 못하고 무조건 존버(무조건 버티기)하는 경향도 있습니다.

분석 없이 뉴스와 지인의 말만 맹신하는 경향도 있으며, 교육을 받으려 하지 않고 오로지 운만 믿고 투자하는 모습도 보입니다.

빨리 돈을 벌려 하고 대박만을 좇는 경향이 있습니다.

여러분, 고수가 되려면 경험과 시간이 쌓여야 합니다. 절대 조급해하지 말고, 항상 연구하고 공부하시기 바랍니다.

▌작전세력

마지막으로 작전세력입니다. 동물로 치면 배고픈 하이에나들로 진짜 잔인한 투기꾼들입니다.

8. 작전꾼입니다. 과거에는 사채업자나 조폭들이 작전을 많이 했던 것으로 묘사되었는데, 요즘은 외국인, 기관 운용역, 애널리스트들의 작전도 비일비재합니다.

애널리스트 구속에 증권업계 큰 충격…"신뢰 흠집"
머니투데이 PiCK 1일 전 네이버뉴스 ↗
[증권업계에서 가장 많은 보고서 발표, 다수의 베스트 애널리스트 보유…사전매매로 수십
억대 차익 올려] **애널리스트**가 자사 리포트를 이용, 차명 매매를 통해 수십억원대 이익을
챙긴 혐의로 **구속**됐다는 사실이 알려지며…
└ 하나금투 **애널리스트** 구속 "사전매… 금융소비자뉴스 1일 전

 '선행매매'로 수십억 챙긴 혐의 증권사 애널리스트 구속
서울경제 PiCK 1일 전 네이버뉴스 ↗
17일 법조계에 따르면 서울남부지검 증권범죄합동수사단(합수단)은 지난 13일 자본시장과
금융투자업에 관한 법률 위반(사기적 부정거래) 혐의로 하나금융투자 **애널리스트** A씨를 **구**
속했다. 서울남부지검은 증거인멸과…
└ 수억원 이익 챙긴 **애널리스트** 구속… 시사포커스 1일 전
└ '선행매매' 혐의…A증권 **애널리스트** 연합인포맥스 1일 전
관련뉴스 전체보기 >

 주식 산 뒤 보고서 공개…수십억 챙긴 애널리스트 구속
연합뉴스TV PiCK 1일 전 네이버뉴스 ↗
법조계에 따르면 서울남부지검은 지난 13일 자본시장과 금융투자업에 관한 법률 위반 혐의
로 모 증권사 **애널리스트** A씨를 **구속**했습니다. A씨는 특정 기업에 대한 우호적 보고서를
배포하기 전 차명으로 주식을 미리 사,…

뉴스에 자주 등장하지만 이는 빙산의 일각입니다.

작전꾼의 매매 특징을 살펴보면, 국내외 이슈를 이용하거나 직접 이슈나 소문을 만들기도 합니다.

이슈로 대량 거래를 유도하며, 개인 투자자들의 추격 매매가 극에 달할 때 매도해서 이익을 챙깁니다.

철저한 사전 계획하에 상승과 하락을 반복해서 물량 털기를 반복합니다.

과거에는 주인이 없는 부실기업을 주 타 깃으로 매매했지만, 최근 들어 중소형 우량주들도 매매 대상으로 삼습니다.

카더라 통신으로 투자자들을 유혹합 니다. "실적 좋다더라", "대기업에 납 품한다더라", "매각한다더라" 등등 확 인되지 않은 장밋빛 소문과 루머로 개 미들을 꼅니다.

주가가 급등해서 개인 투자자들의 추 격 매수가 극에 달하면 보유 물량의 매 도와 메자닌을 이용한 공격적인 매도 로 수익을 극대화합니다. 피도 눈물도 없으며 돈만을 목표로 합니다.

과거 액면가 미만 종목이나 동전주, 관 리 종목들이 주 대상이었으나 최근 들 어 일부 우량주들도 대상이 되고 있습 니다.

요즘 일부 기관 엘리트들의 지능화된 작전도 많아지고 있는데, 기관 리포트 도 맹신하면 안 됩니다. 주식을 미리 매수해놓고 굿뉴스 또는 굿리포트를 공개하는 사례도 많아지고 있습니다.

지금까지 주식투자자들을 동물로 비 유해봤습니다. 나는 어떤 동물에 해당 되는지 항상 고민하고 주식 시장 참여 자들의 특징과 매매 방법을 숙지해서 매매하시기 바랍니다.

'나 자신과 적을 알고 투자해야 손해 보지 않습니다!'

경제 분석 방법을 통한
업종·종목 리서치 방법을 공부하라

탑다운 방식(Top-down Approach)

탑다운 방식은 주식을 선택하는 방법으로 거시경제 분석을 통해 유망 산업을 선정하고, 그 다음 세부 기업을 찾아내는 것을 말한다. 거시경제, 산업분석을 통해 유망산업을 찾아낸 후, 기본적 분석을 통해 개별 기업을 찾아낸다. 탑다운 방식은 일반적으로 거시경제를 통해 산업을 분석한 다음 기업을 분석하는 방식이다. 단계는 다음과 같다.

1단계 - 유망 산업을 선정한다(대내외 경제 이슈, 정부 정책, 사회 이슈, 기타).
2단계 - 주도 종목군을 선정한다(**예** 반도체, 5G·폴더블, 디스플레이, 전기차 등).
3단계 - 투자 종목을 분류해 리서치한다.

보텀업 방식(Bottom-Up Approach)

보텀업 방식은 일반적으로 기업부터 분석하고 산업, 경제로 거슬러 올라가는 분석 방식을 말한다. 단계는 다음과 같다.

1단계 - 급등·강세 종목을 분석하고 리서치한다(**예** 삼성전자, SK하이닉스).
2단계 - 테마·이슈 종목군과 주도 업종·종목을 선정한다(**예** 반도체관련).
3단계 - 테마·이슈 종목군과 주도 종목을 분석하고 리서치한다(**예** 반도체 전공정·후공정, 반도체 소재·부품·장비 기타 관련주).

　예를 들어, 환율이 이슈일 경우 환율에 민감한 산업을 분석하고, 그 산업들 중 현재 환율의 상승·하락에 유리한 기업을 선택하는 방식이 탑다운 방식이라면, 주가가 상승하는 기업을 분석했는데 그 기업이 환율과 관련되어 있어서 환율과 관련된 업종을 분석하고, 그 산업의 향후 전망을 분석한다면 보텀업 방식이다.

투자 대상(종목)을 리서치하고 투자 전략 수립하기

종목 리서치(정성·정량 요인을 리서치)

매출과 실적, 대주주·경영자의 경력, 시총 규모와 유통 금액, 메자닌 현황, 기업 평판, 정부·사회 이슈 연관성, 수급(큰손·메이저), 과거 급등 요인(HM), 현재 상승 요인(RM), 리스크 요인, 기타 특이사항(M&A, FDA, 특허, 납품 계약, 정책이나 거래처 수혜)등을 리서치한다.

주도 종목 선정·분류, 매매 전략 수립

- 꿀상단(일등주, 급등 종목) : 업종·관련 종목 중 가장 빠르게 상승하는 모습을 보이는 종목, 가장 센 종목들 ➡ 단타 또는 스윙으로 치고 빠지는 전략이 유리하다.
- 꿀터치(이등주, 첫 반등 종목) : 첫 급등 또는 뉴스가 나오기 시작하는 종목들 ➡ 비중 확대하는 구간으로 추가 매수로 물량을 확보하는 구간. 4주 이내 단기 전략이 유리하다.
- 꿀바닥(삼등주, 횡보 종목) : 주도 종목군에서 바닥을 헤매는 종목들 또는 업황 회복 업종에서 실적이 좋은 종목들 ➡ 초기 진입 구간으로 분할 매수 구간. 중장기 대응 전략이 유리하다.

꿀상단, 꿀터치, 꿀바닥에 대한 자세한 내용은 뒷부분에 나올 꿀매매 용어 설명을 참고한다.
- 차트의 가 부근 꿀바닥 : 20 이동평균선(이하 이평선) 또는 볼린저 밴드 하단선은 매수 자리로 활용한다.

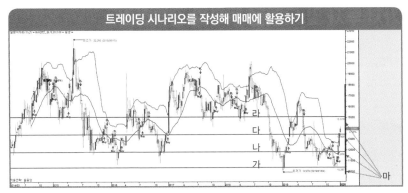

출처 : 유안타증권 티레이더

- 차트의 나 부근 꿀터치 : 20 이평선 부근(볼린저밴드 중심선)은 비중 확대 또는 매수 자리로 활용한다.
- 차트의 다 부근 꿀상단 : 20 이평선 부근(볼린저밴드 상단선)은 1차 익절 또는 비중 확대 자리로 활용한다.
- 차트 라 부근 꿀키스 : 볼린저밴드 상단선 위에서 급등하는 경우는 2차 익절 또는 분할 익절 자리로 활용한다.
- 차트 마 부근 꿀버린 : 손절매 자리로 활용하며 매매 기간 및 장세에 따라 달리할 수 있다(횡보장 또는 박스권장에서는 내리면 사고 오르면 파는 '내사오팔' 전략이 유리하다).

가치 투자 및 모멘텀 투자를 공부하라

▌가치 투자

벤자민 그레이엄의 '현명한 투자자'

기업의 내재 가치에 비해 싸게 거래되는 기업의 주식을 샀다가 가치에 도달하면 파는 것, 단지 차트에 의존해 싼값에 주식을 샀다가 가격이 조금 오르면 되파는 것이 아니라, 주식 가격이 높고 낮음에 연연하지 않고 투자 대상 기업을 철저하게 분석해 성공할 수 있다는 판단이 서면 그 기업의 주식을 장기간 보유해서 이익을 창출하는 것이 가치 투자이다.

"기업의 가치에 근거해 싼값에 사서 제값에 파는 것이 가치 투자이다."

(1) **정의** – 기업의 가치에 믿음을 둔 주식 투자 방법을 말한다.

(2) **방법** – 기업의 가치를 구성하는 요소로 순자산가치, 성장가치, 수익가치, 기타 무형의 가치 등을 분석해 기업의 주가와 기업 가치와의 괴리율에 현저한 차이가 있을 경우 장기적으로 제자리를 찾아간다고 보고 투자하는 기법이다.

(3) **특징**
- 일반적으로 순자산가치에 중점을 두고 투자하는 자산가치형 투자와 성장가치에 중점을 두고 투자하는 성장가치형 투자로 나뉜다.

- 주가와 자산가치의 괴리율이 크면 클수록 안전마진이 커지기 때문에 수익을 낼 확률도 클 것으로 예상한다.
- 회사 지분의 일부를 사서 회사를 소유한다는 생각으로 투자하기 때문에 비교적 장기 투자를 영위하는 투자자들이 많이 활용한다.

(4) 기업의 가치와 적정 주가를 산출하는 방법

절대적 평가법

- 내재가치 계산법: 기업이 실제로 얼마의 가치를 갖고 있는지를 파악하는 방법으로 손익계산서, 대차대조표, 현금흐름표 등 재무제표를 활용한 분석법이다.
- 현금흐름 할인법: 해당 기업(비즈니스)이 향후에 벌어들일 수 있는 현금을 현재 가치로 할인한 값을 활용해서 투자하는 방법이다.

상대적 평가법

- 주가 수익 비율(PER, Price-Earning Ratio) = 주식 가격 ÷ 주당 이익 × 100
  → PER이 높다는 것은 주당 이익에 비해 주식 가격이 높다는 것을 의미하고, PER이 낮다는 것은 주당 이익에 비해 주식 가격이 낮다는 것을 의미한다. PER이 낮은 주식은 앞으로 주식 가격이 상승할 가능성이 크다. 1주에 1만 원 하는 회사의 주식이 1년에 주당 1천 원의 순이익을 낸다면 PER은 10이 된다.

- 총자산 순이익율(ROA, Return On Assets) = 당기 순이익 ÷ 총자산 × 100

  → 기업의 총자산으로 당기 순이익을 얼마나 올렸는지를 가늠하는 지표이다. ROA가 높을수록 주가 상승 가능성이 크다.

- 자기자본 이익률(ROE, Return On Equity) = 순이익 ÷ 자기자본 × 100

  → 경영자가 주주의 자본을 사용해 어느 정도의 이익을 올리고 있는가를 나타내는 것으로, 주주 지분에 대한 운용 효율을 나타내는 지표이다. ROE가 높은 기업은 자본을 효율적으로 사용해 이익을 많이 내는 기업으로, 주가도 높게 형성되는 경향이 있다.

- 주당 순이익(EPS, Earning Per Share) = 당기 순이익 ÷ 주식 수 × 100

  → 기업이 벌어들인 당기 순이익을 그 기업이 발행한 주식 수로 나눈 값이다. EPS가 높으면 경영 실적이 양호하며 기업의 투자 가치가 높다는 것을 의미한다.

- BPS(Book-Value Per Share) 주당 순자산 = 순자산 ÷ 발행 주식 수 × 100

  ※ 순자산 = 자기자본(총자산 − 총부채) − 무형 고정 자산(특허권, 영업권) − 이연 자산(창업비, 개업비, 신주 발행비, 사채 발행비, 연구 개발비) − 사회유출불(배당금, 임원상여금)

  → 기업의 자산 충실도가 주가에 얼마나 반영되어 있는지를 측정하는 지표이다. BPS가 높다는 것은 자기자본의 비중이 크

고, 실제 투자 가치가 높다는 것을 의미하며 높을수록 수익성 및 재무 건전성이 높아 투자 가치가 높은 기업이라고 할 수 있다.

- PBR(Price on Book Value Ratio) 주가 순자산 비율 = 주가 ÷ 주당 순자산 × 100

→ 주가를 BPS(주당 순자산)로 나눈 비율을 말하며 주가와 1주당 순자산을 비교한 수치로 장부상의 가치이다. 회사 청산 시 주주가 배당받을 수 있는 자산의 가치를 의미한다. 수치가 낮으면 낮을수록 해당 기업의 자산가치가 증시에서 저평가되고 있음을 나타내고, 1 미만이면 주가가 장부상 순자산 가치(청산가치)보다 낮다는 것을 의미한다.

(5) 가치 투자의 대가 워런 버핏의 투자 원칙

① 가치 투자자가 되라. 아주 오랜 세월 증명된 효과적인 투자 방법이다.

② 부자가 되고 싶은가? 남들이 공포에 질렸을 때 욕심을 내고, 남들이 욕심을 낼 때 조심하라.

③ 투자 1원칙, 절대 돈을 잃지 마라. 투자 2원칙, 절대 1원칙을 잊지 말라.

④ 사업을 이해하지 못한다면 그 회사 주식은 사지 마라.

⑤ 가격은 당신이 내는 것이고 가치는 당신이 얻는 것이다. 주식이 아닌 회사를 사라.

⑥ 주식을 매수하기 전 한 줄로 이유를 답하라. 예를 들면 "나

는 코카콜라 주식을 50달러에 산다. 왜냐하면….”

⑦ 주가가 반 토막 났다고 겁에 질려 마구 팔아치울 주식이라면 결코 투자해선 안 된다.

⑦ 진짜 능력은 얼마나 많이 아느냐가 아니라 자신이 아는 것과 모르는 것이 무엇인지를 분명히 아는 것이다.

⑨ 무리한 빚을 내서 투자하지 마라. 마치 단검을 핸들에 꽂은 채 운전하는 것과 같다.

⑩ 나는 다른 어떤 것보다 술과 빚 때문에 실패한 사람을 많이 봤다.

▮ 모멘텀 투자

제시 리버모어 '위대한 투자자'

달리는 말에 올라타는 것. 상승하는 종목을 추가로 매수하는 피라미딩(불타기) 매매 방법으로 수익을 극대화하는 전략이 모멘텀 투자의 핵심이다.

"움직이고 있는 물체는 어떤 힘이나 방해물이 그 움직임을 멈추거나 변동시키기 전까지는 그 움직임을 지속하려는 경향이 있다. 주식에도 관성의 법칙이 적용된다."

모멘텀 : 물질의 운동량이나 가속도를 의미하는 물리학적 용어

주식 투자에서는 흔히 주가 추세의 가속도를 측정하는 지표로 쓰이며 주가가 상승세를 타고 있을 때 얼마나 더 탄력을 받을 수 있는지, 또는 주가가 하락하고 있을 때는 얼마나 더 떨어지게 되는지를 예측할 때 활용된다. 개별 종목에 쓰일 때는 해당 종목의 주가 추세에 변화를 줄 수 있는 계기를 말한다.

(1) **정의** – 장세가 상승세냐 하락세냐 하는 것을 차트 패턴·기술적 분석과 시장 심리, 시장 분위기 변화에 따라 판단해서 추격 매매하는 투자 방식을 말한다.

(2) **방법** – 기관 또는 외국인 투자자 등이 많이 활용하는 방법으로 시장 분위기에 따라 '집중 매수' 또는 '집중 매도'를 한다. 이미 상승세를 보인 주식이 더 상승할 것으로 예상하고 매수하는 투자 방법이다.

(3) **특징**

- 주가의 추세를 전환시키는 재료, 해당 종목 주가가 변할 수 있는 근거를 흔히 모멘텀이라고 하며 기업의 펀더멘털(Fundamental, 정성 요인·정량 요인)보다 '투자자들의 투자 심리'에 의해 주가가 결정된다고 생각한다.
- 개별 기업의 실적이나 역량을 바탕으로 투자하는 전통적 방식(가치 투자)과 대비된다.
- 대내외 이슈에 따라 주가가 상승하는 종목은 무조건 매수하는 반면, 재료 소멸 시 무조건 매도하는 경향이 있다.
- 기업의 본질가치보다는 대내외 요인(국내외 경제 이슈, 정부 정책, 사회 이슈, 기타 이슈)이 주가 흐름에 영향을 미친다고 보며, 차트의 패턴이나 기술적 지표의 위치에 따라 추세 전환과 지속을 판단하는 경향이 있다.

(4) 기술적 지표를 활용한 모멘텀 투자 기법

- 이동평균선 : 1960년대 그랜빌이 처음으로 수학에서 주식으로 가져온 이동평균선은 매일 주식의 종가를 기준으로 산출한 이동평균값을 도표에 옮겨놓은 연장선(장기 120일 또는 240일, 중기 60일, 단기 5일 또는 20일)이다.
  - 이동평균선 위는 강세, 이동평균선 아래는 약세로 판단한다.
  - 단순하게 이동평균선 부근에서 매수해 상승 시 익절, 하락 시 손절한다.
- 거래량 : 주식 장세를 판단하는 중요한 지표로 주식이 시장에서 거래된 양을 말한다.
  - 거래량 감소 상태에서 점진적으로 증가하는 추세를 보이면 주가 상승을 예상, 거래량 증가 상태에서 점진적으로 감소하는 추세를 보이면 주가 하락을 예상한다.
  - 주가가 상승해 고점 부근에 가까워지면 가까워질수록 주가의 상승에도 불구하고 거래량이 감소하는 경향을 보인다.
  - 주가가 하락해 저점 부근에 가까워지면 가까워질수록 주가의 하락에도 불구하고 거래량이 감소하는 경향을 보인다.
- 볼린저밴드 : 1980년대 초 존 볼린저가 개발한 것으로 주가의 변동이 표준 정규 분포 함수에 따른다고 가정하고, 주가를 따라 위아래로 폭이 같이 움직이는 밴드를 만들어 주가를 그 밴드를 기준선으로 판단하고자 고안된 지표이다.
  - 볼린저밴드의 중심선인 20일 이동평균선, 중심선에서 표준편차×2를 더한 것이 상한선, 표준편차×2를 뺀 것이

하한선이다.

- 일반적으로 상한선 돌파 시 급등 가능하다고 보고 비중 확대 전략을 사용한다.

- 하한선 이탈 시 급락 가능하다고 보고 비중 축소 전략을 사용한다.

• 상대적 강도지표(RSI) : 미래 주가의 강세 및 약세를 전일에 대비해 주가 변화의 비율로 예측하려고 하는 지표이다.

- 1~100까지 구간을 설정해서 지표 하락 후 반등 시 대략 40~60 부근에서 매수, 80 이상에서 매도하는 데 활용한다.

• 스토캐스틱(Stochastics 또는 Stochastic Oscillat) : 주가 수준이 일정 기간 동안의 가격 변동 속에서 어느 정도 수준에 있는지를 백분율로 나타낸 지표이다.

- 1~100까지 구간을 설정해서 지표 하락 후 반등 시 대략 50~60 부근에서 매수, 80 이상에서 매도하는 데 활용한다.

(5) 모멘텀 투자의 대가 '제시 리버모어'의 피라미딩 전략

출처 : 유안타증권 티레이더

제시 리버모어의 피라미딩 전략의 핵심은 불타기 매매 방법과 유사하다. 최초 매수한 가격보다 주가가 상승하면 계속해서 비중을 확대하는 전략으로 손절가를 이탈한 경우 원칙에 따라 손절매를 하는 것이 가장 중요하다. 최초 매수해 이익이 발생하면 짧은 익절보다 물량을 추가로 확대하자.

주식 시장에서 회자되는 좋은 종목 고르는 방법

- 가능한 우량주를 선택한다.
- 일상생활에서 얻은 정보를 활용해 종목을 선택한다.
- 가급적 배당을 많이 주는 회사를 찾는다.
- 돈 잘 버는 회사를 고른다.
- 외국인과 기관의 보유 비중을 살펴본다.

주식 성격에 따른 종목 특징을 파악하라

성장주

향후 크게 수십, 수백 배 이상 성장이 기대되는 업종 또는 글로벌 급성장이 가능한 종목, 일반적으로 제약과 바이오 및 신산업 관련주를 말한다.

2019년 12월 중국 우한에서 코로나가 처음 발생하고, 2020년 3월 코로나19 감염자가 세계적으로 증가함에 따라 코로나19 진단키

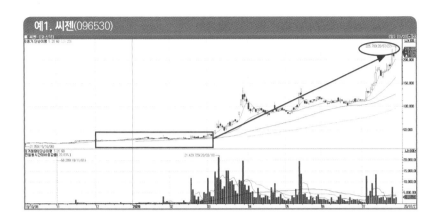

트 공급업체인 씨젠이 상승하기 시작했다. 30,000원 부근에서
225,700원까지 7배 이상 급등했다.

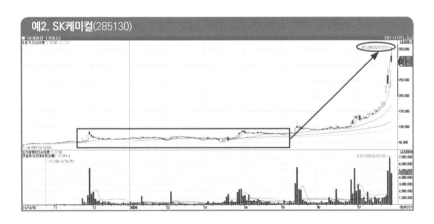

코로나19 치료제와 백신 개발업체인 SK케미컬 역시 상승하기 시
작했다. 50,000원 부근에서 350,000원까지 7배 가까이 급등했다.

▌정책주

정부나 국회의 정책에 따라 수혜를 기대할 수 있는 종목으로 한국형 뉴딜정책주(디지털뉴딜·그린뉴딜·SOC뉴딜), 국산화 관련 소재와 부품, 장비주 또는 5G, 수소차, 전기차 등 정부 정책주 등을 말한다.

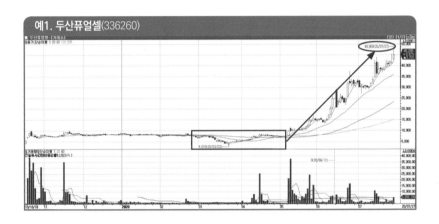

2020년 3월 코로나19 감염자가 세계적으로 유행하면서 경기 침체에 대한 우려로 글로벌 증시가 폭락했다. 글로벌 주요국들이 경제를 살리기 위해 무제한 유동성 공급과 슈퍼 경기부양책을 집행함에 따라 국내 수소산업 관련주인 두산퓨얼셀이 상승하기 시작했다. 7,000원 부근에서 48,000원까지 7배 이상 급등했다.

마찬가지로 국내 수소산업 관련주인 에스퓨얼셀도 상승하기 시작했다. 15,000원 부근에서 55,400원까지 3배 이상 급등했다.

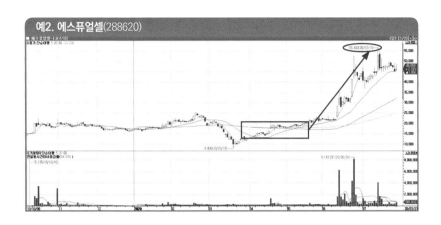

예2. 에스퓨얼셀(288620)

▌일정주

  정부 일정, 국회 일정, 기업 일정 등 어떠한 일정에 따라 수혜가 기대되는 종목, 매년 반복되는 일정(계절, 월별 반복)으로 산불·미세 먼지·무더위 등이 대부분을 차지한다.

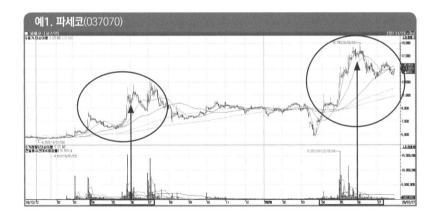

예1. 파세코(037070)

  매년 여름철 무더위에 따른 매출 및 실적 증가 기대감에 파세코는 저점대비 100~200% 상승하는 모습을 보였다.

예2. 신일전자(002700)

    매년 여름철 무더위에 따른 매출 및 실적 증가 기대감에 신일전자
는 저점 대비 100% 이상 상승하는 모습을 보였다.

▌실적주

    매분기 실적 서프라이즈 또는 양호한 실적이 기대되는 종목으로
특히 연말 실적에 따라 가장 크게 움직이는 경향이 있다.

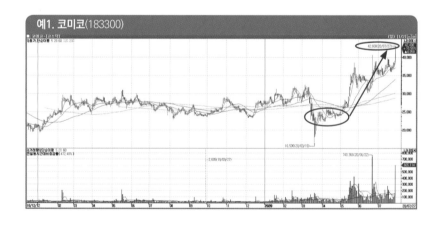

예1. 코미코(183300)

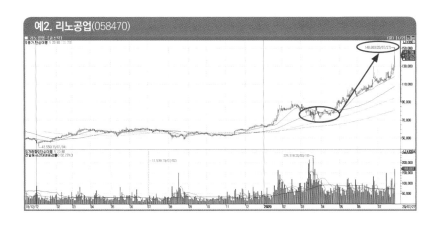

코로나19에 따른 글로벌 경기 침체 우려 속에서도 반도체 관련 2분기 매출 및 실적 증가에 따라 코미코는 2분기 100% 가까이 상승하는 모습을 보였다.

마찬가지로 반도체 관련 2분기 매출 및 실적 증가에 따라 리노공업은 2분기 100% 가까이 상승하는 모습을 보였다.

▌가치주

일반적으로 재벌, 중견그룹 계열사 등이 많고, 부동산 가치주·실적 가치주 등으로 세금 회피(상속세·증여세) 때문에 회사와 대주주의 주가 부양 의지가 없는 종목들이 대부분이다. 회장 유고 시 또는 2~3세 차기 경영권 이전에 따른 기대감이 형성될 때, 국내외 호재가 발생할 때 상승하는 경향이 있다.

例1. 사조산업(007160)

　　수도권 골프장 부지 및 충청도 임야 등 수십만 평의 부동산 소유 기업으로 그린벨트 해제 및 행정수도 이전에 대한 기대감으로 주가가 급등하는 모습을 보였다.

例2. 성신양회(004980)

　　태릉 골프장과 육사부지 아파트 건립 추진 소식(근접 구리공장 수혜 기대감)과 행정수도 이전 검토 소식(세종시 내 부동산 보유 부각)에 주가가 급등하는 모습을 보였다.

▍테마주

  국내외 이슈에 따라 단기 테마가 형성된 종목들을 말하며 대표적으로 정치 테마, 미세먼지 테마, 대북 테마, 아프리카돼지열병 테마, 애국 테마 등 1~2주간 이슈에 따라 롤러코스터 흐름을 보이는 경향이 있다.

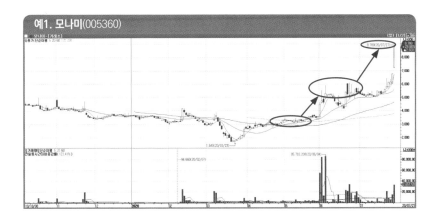

  일본정부, 일본기업 자산 현금화 보복 조치 검토 소식 등에 일본제품 불매운동 수혜주인 모나미 주가 급등(상한가)하는 모습을 보였다.

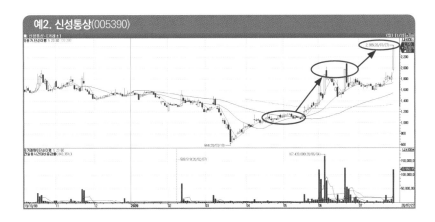

마찬가지로 일본제품 불매운동 수혜주인 신성통상이 주가 급등하는 모습을 보였다.

▌작전주(뒷통수주)

카더라 통신에 의한 종목들로 "계약한다더라, 작전한다더라, 사장이 뭐뭐 한다더라" 등 루머에 의해 주가가 움직이는 종목들을 말하며, 특히 수년간 매출이 줄었거나 실적 적자인 기업이 대다수이다. 대주주와 결탁한 세력들이 개인 추격 매수를 유발시키는 경우가 많다.

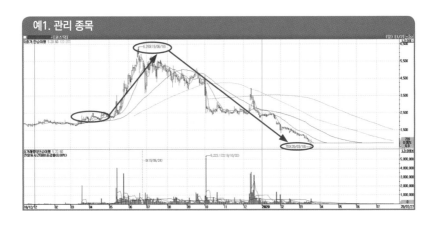

수년간의 영업 적자 상황에서 공공기관에 대규모 납품 소식, 메자닌 제3자 배정 등 호재로 주가를 급등시킨 후 주주에게 불리한 메자닌을 발행(리픽싱 최저 가격이 액면가)했다. 또한 공매도 및 대차매도를 통해 주가를 급락시킨 것으로 보이며, 관리 종목 지정 후 상장폐지 사유 발생으로 거래 정지되었다.

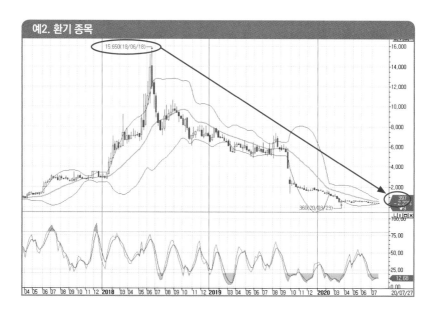
예2. 환기 종목

계열사의 인공지능(AI) 관련 기술 개발을 과대 포장하고 M&A 이슈로 주가를 끌어 올린 후 주주에게 불리한 메자닌을 발행(리픽싱 최저 가격이 액면가)했다. 또한 공매도를 통해 주가를 급락시킨 것으로 보이며 장기간 주가 하락으로 환기 종목에 지정되었다.

장세별 매매 특징 및 전체 지수 위치에 따른 매매 방법을 제대로 알자

▌급등장

연중 10% 정도의 기간으로 기업 내용에 상관없이 전체 주식 시장 상승에 따라 대부분의 종목이 상승하는 장세로 빨간 네모박스 구간이다(기술적 지표들의 빨간 원 구간).

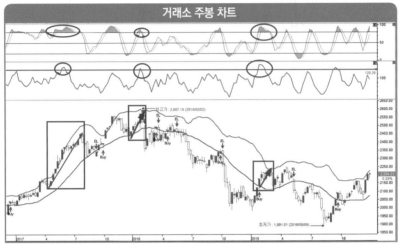

출처 : 대신증권 CYBOS

(1) 성장주 또는 정책주 투자가 유리하며 빠른 차익 매물이 나올
수 있으므로 실시간(스윙·단타) 트레이딩이 유리하다.

(2) 키높이 반등 자리로 장기간 횡보하던 바닥주들과 가치주(실적·
부동산)들의 급반등이 나오는 경우가 많다.

(3) 주봉 20 이평선 위 특히 볼린저밴드 상단선 또는 볼린저밴드
상단선 + 20% 이상 돌파 자리에서 분할 매도의 시작점으로
활용하는 것이 유리하다(꿀상단·꿀키스 부근). 신고가를 돌파할
때마다 분할 매도가 유리하다.

(4) 기술적 지표 등락 비율 120 이상인 경우 또는 스토캐스틱 80
이상인 경우에 실시간(스윙·단타) 트레이딩으로 대응한다.

(5) 실시간 스윙(1주일 이내 기간)으로 트레이딩할 경우 목표 + 7%
이상, 손절 −5% 또는 실시간 단타(2일 이내 기간)로 트레이딩할

경우 목표 +5% 이상, 손절 −3%를 원칙으로 한다. 첫 반등하는 종목은 상한가까지 급등하는 경향이 많아 분할로 매도하는 것이 유리하다.

상승장 또는 강세장

연중 20% 정도의 기간으로 기업 내용에 상관없이 대부분의 종목들이 강세 흐름을 보이는 장세이고, 빨간 네모박스 구간이다(기술적 지표들의 빨간 원 구간).

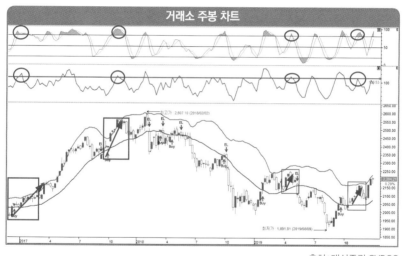

출처 : 대신증권 CYBOS

(1) 일정주 또는 정책주 투자가 유리하며 급상승이 나올 수 있는 시점으로 중장기 투자가 유리하다.
(2) 주봉 20 이평선 위에서 횡보하는 경우이며 특히 볼린저밴드 중심선과 상단선 사이에서 주가가 움직일 경우이다.

(3) 신규 매수 및 분할 매수 가능한 자리로 20 이평선 아래(볼린저
밴드 하단선)에서 위(볼린저밴드 중심선)로 올라온 경우에 매매하
는 것이 유리하다.

(4) 기술적 지표 등락 비율 110 이상인 경우 또는 스토캐스틱 70
이상인 경우에 중장기매매로 대응한다.

(5) 중장기(1개월 이상 기간)로 투자할 경우 목표 + 30% 이상, 손절
−15%를 원칙으로 한다.

▌횡보장

연중 30% 정도의 기간으로 기업 내용에 따라 차별적인 강세와 약세
흐름을 보이는 장세이고, 빨간 원 구간이다(기술적 지표의 화살표 구간).

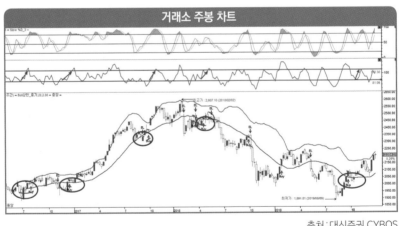

출처 : 대신증권 CYBOS

(1) 일정주 · 실적주 · 테마주(이슈 종목) 투자가 유리하며 주가 급등
락이 나올 수 있는 자리로 단기 매매가 유리하다.

(2) '내사오팔(내리면 사고 오르면 팔자)' 전략으로 대응하며 주봉 20 이평선 부근에서 횡보할 경우 박스권을 설정하고 매매하는 것이 유리하다(볼린저밴드 중심선 부근).

(3) 신규 매수 및 분할 매수 가능한 자리로 20 이평선 아래(볼린저밴드 하단선)에서 위(볼린저밴드 중심선)로 올라온 경우 볼린저밴드 중심선에서 매매하는 것이 유리하다.

(4) 기술적 지표 등락 비율 110~80 사이인 경우 또는 스토캐스틱 50~70 사이인 경우에 단기 매매로 대응한다.

(5) 단기(1개월 이내 기간)로 투자하는 것이 유리하며 목표 +15% 이상, 손절 −8%를 원칙으로 박스권 매매하는 것이 유리하다.

▌하락장 또는 약세장

연중 30% 정도의 기간으로 기업 내용에 상관없이 대부분의 종목들이 약세 흐름을 보이는 장세이고, 빨간 원 구간이다(기술적 지표의

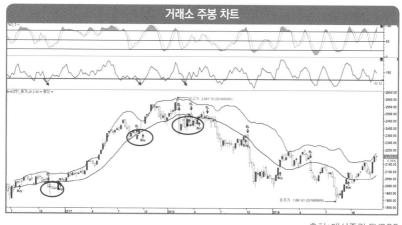

출처:대신증권 CYBOS

화살표 구간).

(1) 테마주 또는 실적주 투자가 유리하며 횡보와 하락이 지속될 수 있는 시점으로 실시간(스윙·단타) 트레이딩이 유리하다.

(2) 치고 빠지는 단타 전략 또는 박스권 내사오팔 전략이 유리하다.

(3) 주봉 20 이평선 아래에서 움직일 경우를 말한다(볼린저밴드 중심선 아래).

(4) 기술적 지표 등락 비율 80 이하인 경우 또는 스토캐스틱 50 이하인 경우에 실시간(스윙·단타) 트레이딩으로 대응한다.

(5) 실시간(1주일 이내 기간)으로 트레이딩하는 것이 유리하며 목표 +7% 이상, 손절 −5%를 원칙으로 박스권 매매하는 것이 유리하다.

▌급락장

연중 10% 정도의 기간으로 기업 내용에 상관없이 전체 주식 시장 하락에 따라 대부분의 종목이 하락하는 장세이고, 빨간 원 구간이다

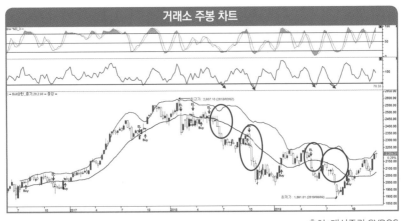

거래소 주봉 차트

출처 : 대신증권 CYBOS

(기술적 지표의 화살표 구간).

(1) 가치주 또는 테마주 투자가 유리하며 폭락이 나올 수 있는 시점으로 실시간(스윙·단타) 트레이딩 또는 장기 분할 매수 첫 진입 시점으로 활용한다.

(2) 깔매(깔아놓는 매매) 위주로 매매하는 것이 유리하다.

(3) 주봉 20 이평선 아래 볼린저밴드 하단선 부근에서 움직일 경우(꿀바닥 부근) 투트렉(단타스윙·장기 줍줍) 전략으로 대응하는 것이 유리하다.

(4) 기술적 지표 등락 비율 50 이하인 경우 또는 스토캐스틱 30 이하인 경우에 실시간(스윙·단타) 트레이딩 또는 장기 분할 매수 첫 진입 시점으로 대응한다.

(5) 실시간 매매 스윙(1주일 이내 기간)으로 트레이딩할 경우 목표 +7% 이상, 손절 −5% 또는 장기(6개월 이상 기간) 분할 줍줍으로 투자할 경우 목표 +50% 이상, 손절 −20%를 원칙으로 한다.

투자 기간별 매매 전략 및 목표·손절 원칙을 제대로 알자

장기 투자

6개월 이상 길게 투자하는 매매 방법을 말한다.

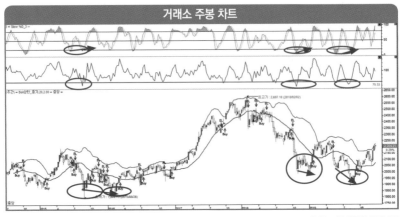

(1) 최근 업황이 최악의 상황에 진입했으나 향후 업황이 개선될 것
   으로 예상되는 분야를 대상으로 한다.

(2) 기업의 실적이 점진적으로 개선될 것으로 예상되는 업종 투자
   가 유리하다.

(3) 볼린저밴드 하단선 부근에서 바닥을 형성하고 장기간 횡보할
   때 분할 매수로 줍줍하는 것이 유리하다.

(4) 현재 코로나19 여파로 장기간 바닥에서 횡보하고 있는 여행·
   면세점, 항공, 화장품, 영화, 카지노 업종이 여기에 해당된다
   고 본다.

(5) 앞의 차트와 기술적 지표 빨간 원 부근에서 진입하는 것이 유
   리하다.

(6) 기술적 지표상 과매도권에서 장기간 횡보하는 종목을 주 대상
   으로 한다.

중기 투자

1개월 이상~ 6개월 이내로 투자하는 매매 방법을 말한다.

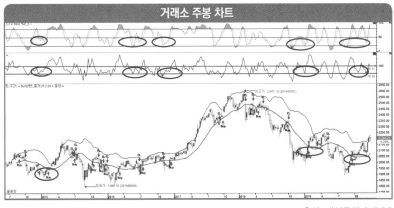

출처 : 대신증권 CYBOS

(1) 수년 내 업종 최악의 상황을 벗어나고 향후 업황이 반전될 것으로 예상되는 분야를 매매 대상으로 한다.

(2) 기업의 실적이 점차 좋아질 것으로 예상되는 업종 투자가 유리하다.

(3) 볼린저밴드 중심선 또는 20 이평선 부근을 돌파하고 차익 물량 출회로 눌림을 줄 때 분할 매수로 매수하는 것이 유리하다(볼린저밴드 하단선에서 1차 매수한 경우 2차 매수 진입 자리로 활용한다).

(4) 현재 코로나19 여파를 이겨내고 바닥을 벗어나고 있는 건설·토목·시멘트·철강 등 SOC 관련 업종이 여기에 해당된다고 본다.

(5) 위 차트와 기술적 지표 빨간 원 부근에서 진입하는 것이 유리하다.

(6) 기술적 지표상 다이버전스(Divergence)가 길게 형성되는 종목일수록 유리하다.

▎단기 투자

1주일 이상~1개월 이내로 투자하는 매매 방법을 말한다.

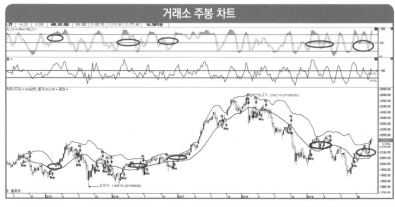

출처 : 대신증권 CYBOS

(1) 최근 업황이 급반전될 것으로 예상되는 분야를 매매 대상으로 한다.

(2) 기업의 실적이 크게 좋아질 것으로 예상되는 업종 투자가 유리하다.

(3) 볼린저밴드 중심선과 볼린저밴드 상단선 사이에서 거래량이 급증할 경우 비중 확대하는 전략이 유리하다(볼린저밴드 하단선에서 1차 매수, 볼린저밴드 중심선에서 2차 매수, 볼린저밴드 상단선 돌파 시 비중을 확대하는 자리로 활용한다).

(4) 코로나19의 불확실성을 이겨내고 수익이 크게 향상될 것으로 예상되는 자동차, 식음료, 언택트 관련 업종이 여기에 해당된다고 본다.

(5) 위 차트와 기술적 지표 빨간 원 부근에서 진입하는 것이 유리하다.

(6) 기술적 지표상 중심선 이상을 돌파하고 상승 추세를 형성한 종목일수록 유리하다.

스윙·단타 트레이딩

스윙은 1주일 이내 트레이딩, 단타는 2일 이내 트레이딩하는 매매 방법을 말한다.

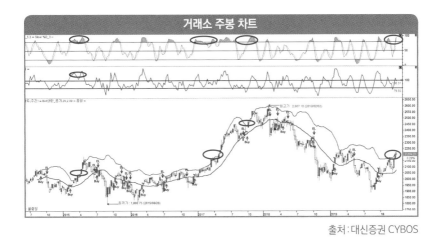

거래소 주봉 차트

(1) 업황이 빠르게 회복된 상황으로 성장과 실적이 크게 예상되는 분야를 매매 대상으로 한다.

(2) 기업의 실적이 크게 좋아진 업종에 투자하는 것이 유리하다.

(3) 볼린저밴드 상단선 돌파 후 거래량이 급증할 경우 비중 확대하는 전략이 유리하다(볼린저밴드 중심선에서 1차 매수, 볼린저밴드 상단선에 2차 매수, 신고가 돌파 시 분할로 차익실현하는 자리로 활용한다).

(4) 코로나19 수혜와 정부의 지원을 받은 정책주 등으로 증시를 주도하는 주도주(대장주)로 자리 잡은 반도체, 2차전지, 바이오·제약, 수소산업 관련 업종들과 국내외 이슈 관련 테마로 급등한 업종들이 여기에 해당된다고 본다.

⑤ 앞서 차트와 기술적 지표 빨간 원 부근에서 진입하는 것이 유리하다.

⑥ 기술적 지표상 과매수권에 초기 진입한 종목일수록 유리하다.

정보 활용법을 참고하라

▌기관 리포트

일반적으로 증권회사에서 월간·주간·일간으로 발행하는 리포트 자료를 말한다.

(1) 국내외 이슈 사항과 산업·업종에 대한 리포트

날짜	투자의견	분류	제목	작성자	작성기관
20/08/13		데일리 /시장분석	오늘의 예측_0813	임성월	흥국증권
20/08/13		산업분석	[에너지/화학] Energy Tracker - H438 Hydrogen 생산의 최종 승자는 누가 될 것인가?	박영훈	한화투자증권
20/08/13		데일리 /경제분석	경제: 미국, 펠로시 하원의장, 신규 부양책 시행과 관련 백악관과의 견해차가 크다고 밝힘	김유경,김윤보	케이프투자증권
20/08/13		산업분석	[부동산] 리츠 - 오랜만에 반등, 향후 전망은	라진성,견혜영	KTB투자증권
20/08/13		Weekly /관심종목	KTB 스몰캡 주간 탐방 노트 (8/6~8/12)	김재윤,김영준	KTB투자증권
20/08/13		데일리 /채권	Bond Morning Brief_0813	KTB투자증권	KTB투자증권
20/08/13		데일리 /산업분석	SMART CITY SearchLight - 중국으로 기우는 블록체인, 활용 서비스는 점차 늘어날 전망	박한샘,손지우	SK증권
20/08/13		데일리 /산업분석	[에너지] SK Energy Daily_200813	손지우,박한샘	SK증권
20/08/13		외환	터키 리스크, 또 하나의 변수	박옥희	IBK투자증권
20/08/13		경제분석	러시아 백신 개발 성공과 금 가격 급락	박상현	하이투자증권

출처 : EQUITY

증권회사에서는 월간·주간·일간으로 국내외 이슈 사항과 산업·업종에 대한 리포트를 발간한다. 탑다운과 보텀업 경제 분석 방법으로 전반적인 증시 전망과 흐름을 예측할 수 있고, 강세 업종과 종목

등을 파악할 수 있다.

(2) 강세 업종과 약세 업종의 투자 의견을 제시하는 종목에 대한 리포트

작성일	분류	이전의견	투자의견	제목	작성자	작성기관	목표가	현재가
20/08/12	분석	매수	–	매수	한온시스템(018880) 하반기 비용 절감으로 이익 기대 상향	장문수, 조준우	현대차증권	▲ 15,000	12,750
20/08/12	분석	매수	–	매수	현대홈쇼핑(057050) 아쉬운 실적, 하반기 개선 기대	박종렬	현대차증권	– 95,000	64,300
20/08/12	분석	매수	–	매수	한화솔루션(009830) 완성체를 위한 퍼즐을 맞혀가는 중	노우호, 위정원	메리츠증권	– 45,000	32,300
20/08/12	분석	매수	–	매수	엠씨넥스(097520) 빠른 회복과 성장 전망	박찬호	현대차증권	▲ 45,000	35,400
20/08/12	분석	매수	–	매수	강원랜드(035250) 1년 후로 시계를 돌린다면	이효진, 정은수	메리츠증권	– 30,000	23,500
20/08/12	분석	매수	–	매수	파라다이스(034230) 2020 EBITDA even으로 방어할 것	이효진, 정은수	메리츠증권	– 20,000	15,000
20/08/12	분석	매수	–	매수유지	한화솔루션(009830) 하반기 더욱 기대되는 태양광 (수정)	이지연	신영증권	▲ 40,000	32,300

출처 : EQUITY

증권회사에서는 일간으로 주가 강세 흐름을 보이거나 이슈가 되는 종목에 대한 리포트를 발간한다. 리포트 투자 의견에 따라 주가가 상승하거나 하락한다. 최근 주가 상승 흐름 시 굿리포트가 나오면 추가 급등 후 차익 매물 출회로 하락하는 경향이 있고, 배드리포트가 나오면 주가가 급락하는 경향이 있다.

최근 주가 하락 흐름 시 굿리포트가 나오면 주가 급등하는 경향이 있고, 배드리포트가 나오면 마지막 손절 물량이 출회된 후 반등하는 경향이 있다. 주로 주가가 이미 크게 오른 종목들에 대한 리포트가 대다수이고, 주가 상투에서 리포트가 많이 나오기 때문에 굿리포트에 차익실현하는 것이 유리하다.

반대로 바닥에서 배드리포트가 나온 후 마지막 손절 물량이 출회된 후 급등하는 경향이 크므로 비중을 확대하는 것이 유리하다(사실전 증권사가 배드리포트를 쓰면 버텨내지 못한다. 특히 목표가 하향하면 백이면 백 손절하게 된다).

(3) 긍정적 리포트 발간 후 주가가 하락한 경우

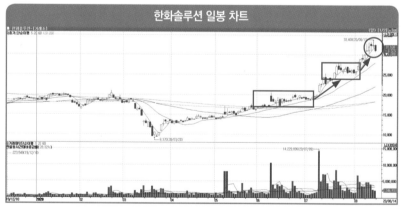

한화솔루션 긍정적 리포트 11건, 2020. 8. 12

작성일	분류	이전의견	투자의견	제목	작성자	작성기관	목표가	현재가
20/08/12	분석	매수	- 매수유지	한화솔루션(009830) 2Q20 Re. 기초체력을 증명한 실적과 합리적인 주가 상승	김정현	교보증권	▲ 40,000	32,300
20/08/12	분석	매수	- 매수유지	한화솔루션(009830) 진화중인 태양광 사업 모델	원민석	하이투자증권	▲ 38,000	32,300
20/08/12	분석	매수	- 매수유지	한화솔루션(009830) 김동관 부사장 취임과 기업 진화의 시작	견우재	홍국증권	- 41,000	32,300
20/08/12	분석	매수	- 매수	한화솔루션(009830) 녹색 수소, 그리고 VPP	강동진, 조준우	현대차증권	▲ 45,000	32,300
20/08/12	분석	매수	- 매수	한화솔루션(009830) 완성체를 위한 퍼즐을 맞춰가는 중	노우호, 위정원	메리츠증권	- 45,000	32,300
20/08/12	분석	매수	- 매수유지	한화솔루션(009830) 하반기 더욱 기대되는 태양광 (수정)	이진연	신영증권	▲ 40,000	32,300
20/08/12	분석	매수	- 매수유지	한화솔루션(009830) 신성장 동력 확보에 대한 가치부여의 시간	백영찬, 유장한	KB증권	▲ 37,000	32,300
20/08/12	분석	매수	- 매수	한화솔루션(009830) 2Q20 review : 펀더멘털과 모멘텀을 겸비하기 시작	조현렬, 문경훈	삼성증권	▲ 40,000	32,300
20/08/12	분석	매수유지	- 매수유지	한화솔루션(009830) 전 분기에 이어 어닝 서프라이즈 기록	이동욱	키움증권	▲ 41,000	32,300
20/08/12	분석	매수	- 매수유지	한화솔루션(009830) 성장주로 재평가	한상원	대신증권	▲ 40,000	32,300
20/08/12	분석	매수	- 매수유지	한화솔루션(009830) 시대의 부름	한승재	DB금융투자	▲ 40,000	32,300

출처 : EQUITY

한화솔루션은 2020년 8월 12일 11개 증권사에서 목표가를 상향하는 굿리포트가 나왔다. 다음의 차트는 한화솔루션 리포트 발간 이후 주가의 움직임이다.

한화솔루션 일봉 차트

출처 : 유안타증권 티레이더

이 종목은 8월 12일 11건의 굿리포트가 나온 후 12~13일 급등 출발 후 보합까지 밀리고 14일 하락하는 모습을 보여주고 있다. 이 차트 네모 안에서 세력들은 선취매했고, 굿리포트에 매도하고 있는 것으로 추정된다.

(4) 부정적 리포트 발간 후 주가가 상승한 경우

작성일	분류	이전의견	투자의견	제목	작성자	작성기관	목표가	현재가
20/08/11	분석	매수 – 매수유지		애경산업(018250) 화장품 부진 심화	박은정	유안타증권	▼ 25,000	23,300
20/08/11	분석	매수 – 매수유지		애경산업(018250) 2Q20 Review: 코로나19의 후폭풍	김혜미	케이프투자증권	▼ 28,000	23,300
20/08/11	분석	보유 – 보유		애경산업(018250) 중저가 색조 브랜드의 한계	배송이	KTB투자증권	▼ 21,000	23,300
20/08/11	분석	매수 – 매수		애경산업(018250) 화장품 부문 실적 회복을 기다릴 필요	정혜진	현대차증권	▼ 26,000	23,300
20/08/11	분석			애경산업(018250) 2분기 코로나19 타격 극심	조미진	NH투자증권	0	23,300
20/08/11	분석	중립 – 중립		애경산업(018250) 2분기 실적리뷰 및 2020년 전망	박종대	하나금융투자	– 25,000	23,300
20/08/11	분석	보유 – 보유		애경산업(018250) 화장품 부문의 성장 회복이 관건	손효주	한화투자증권	▼ 23,000	23,300
20/08/11	분석	매수 ▼ 중립		애경산업(018250) 2Q20 Review: 화장품 부진이 불러온 도미노효과	신수연	신영증권	▼ 22,000	23,300

출처 : EQUITY

애경산업은 8월 11일 8개 증권사에서 목표가를 하향하는 배드리포트가 나왔다. 다음은 애경산업 리포트 발간 이후 주가의 움직임이다.

출처 : 유안타증권 티레이더

애경산업은 8월 11일 8건의 배드리포트가 나온 후 시초가 하락으로 출발, 11~12일 마지막 손절 물량 출회 후 14일 상승하는 모습을 보이고 있다. 차트 네모 안 횡보 기간이 길어짐에 따라 개인 투자자들이 자제력을 잃고 배드리포트에 손절하게 한 후 급반등하는 것으로 추정된다.

앞서 내용에서 살펴본 것처럼 증권사 리포트는 굿리포트와 배드리포트를 잘 살펴서 매매해야 한다. 매도 자리에서 추격 매수, 매수자리에서 손절하지 않도록 주의한다.

┃ 뉴스·매스컴(대내외 이슈)

(1) 국내외 이슈 관련 뉴스

[단독] 中 양제츠 이르면 내주 서울행...시진핑 방한 급물살
한국일보 PiCK 🔲1면 TOP 6시간 전 네이버뉴스 ☑
12일 여권에 따르면 한·중 양국은 신종 코로나바이러스 감염증(코로나19) 사태로 끊어진 고위급 교류·소통를 이어가기 위한 중국 고위 인사의 방한 문제를 논의해왔다. 양측은 양정치국원의 방한을 전제로 구체적...
└ 중국 양제츠 방한 추진···서훈 실장··· MBC 1시간 전 네이버뉴스
└ 중국 외교수장 양제츠 서울 오나··· 오마이뉴스 8분 전 네이버뉴스
└ 中 양제츠, 방한 추진 내외뉴스통신 52분 전
관련뉴스 4건 전체보기 ›

'시진핑 특사' 양제츠 곧 방한..미중 갈등속 우군 만들기?
조선일보 20분 전 네이버뉴스 ☑
양제츠 정치국 위원 방한 일정 조율 중 극심한 비피해, 여론 악화로 연기 가능성도 중국 외교정책를 총괄하는 양제츠(楊潔篪) 중국공산당 외교 담당 정치국 위원의 방한(訪韓) 일정을 놓고 양국 정부가 막판 조율 중인...

출처 : 네이버뉴스

2020년 8월 13일 오전, 중국 양제츠 외교정치국위원의 방한 일정 소식이 나오면서 중국 소비 관련주들이 급등했으며 상승으로 마감했다.

종목명	현재가	대비	등락률	거래량
넥스트사이언스	6,000	1,135	+23.33%	6,867,883
K 팬엔터테인먼트	6,360	700	+12.37%	1,748,521
K GRT	1,520	165	+12.18%	2,480,699
CJ CGV	24,450	2,550	+11.64%	3,581,424
K 엔터메이트	2,190	200	+10.05%	4,267,529
K 네이처셀	10,150	510	+5.29%	7,070,353
K 본느	2,580	120	+4.88%	687,966

일반적으로 증시에 영향을 미치는 국내외 사건 및 이슈 관련 뉴스가 나오면 관련주들이 급등하는 경향이 있다. 평상시 국내외 이슈·테마와 관련된 종목들을 관심 종목으로 등록해놓고 뉴스가 나오면 빠르게 톱픽 종목을 매수하는 것이 유리하다. 예로는 뉴딜 관련주(디지털·그린·SOC 뉴딜), 수소·전기차 관련주, AI, 빅데이터, 사물인터넷, 자율주행 관련주, 코로나19 진단키트·백신·치료약 관련주가 있다.

(2) 2020년 8월 13일 테마별 강세 종목 현황

- 그래핀배리어 및 은나노와이어 신제품의 하반기 호조 기대감에 관련주가 상승 마감했다.

  관련주 : 상보(실적 호조), 오리엔트정공, 엑사이엔씨, 쎄미시스코

- 양제츠 중국 외교정치국위원의 방한 가능성으로 관련주가 상승 마감했다.

  관련주 : 넥스트사이언스, 팬엔터테인먼트, 네이처셀, CJ CGV, 엔터메이트, 네오위즈, GRT

- 필라델피아 반도체 지수 급등 속에 관련주가 상승 마감했다.

  관련주 : 디바이스이엔지, SFA반도체, 에스티아이, 유니테스트, 이엔에프테크놀로지

• 테슬라 주식 분할에 따른 급등 속에 수소·전기차 관련주가 상

승 마감했다.

관련주 : 휴맥스홀딩스, TCC스틸, 휴맥스, 신도기연, 성장오토텍,

지엠비코리아, 나인테크, 우리산업, 씨아이에스, 상신이디피, 포스

코케미칼, 삼기오토모티브

(3) 장 마감 후 서프라이즈 실적 발표 시 급등 현황

우리손에프앤지의 2분기 주요 실적은 아래와 같다.

(단위:억원)	연결 재무제표			별도 재무제표		
	2020.2Q	2019.2Q	전년대비	2020.2Q	2019.2Q	전년대비
매출액	611	631	▼3.1%	203	205	▼0.8%
매출원가	379	507	▼25.1%	138	176	▼21.3%
매출총이익	231	123	▲86.8%	64	28	▲125.4%
판관비	43	49	▼12.1%	8.14	7.36	▲10.5%
영업이익	188	74	▲151.5%	56	21	▲165.2%
영업이익률	30.8%	11.8%	▲19.0%P	27.6%	10.3%	▲17.3%P
지배지분순이익	130	51	▲153.1%	42	16	▲153.2%
지배지분순이익률	21.3%	8.1%	▲13.2%P	20.9%	8.1%	▲12.8%P

출처 : 네이버뉴스

2020년 8월 13일, 장 마감 후(16시 11분) 우리손에프앤지 2분기

실적 발표 후 주가 급등 마감했다.

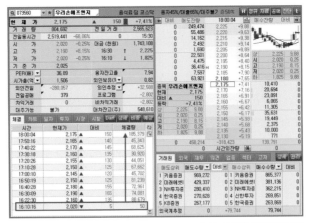

출처 : 유안타증권 티레이더

참고로 앞서 내용은 2020년 8월 13일 우리손에프앤지 시간 외 종가 현황이다.

▌내부 정보를 이용한 불법 매매 및 시세 조정 행위

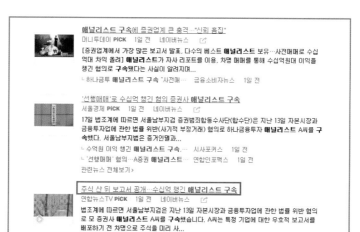

출처 : 네이버뉴스

미리 주식을 매수한 후 해당 종목에 대한 긍정적인 리포트를 발간하고, 리포트 발간 이후 주가가 급등하자 미리 매수한 주식을 매도해서 수십억 원의 이익을 챙긴 사건이다. 기업의 대주주나 임직원이 미리 정보를 알고, 당사의 주식을 매수하거나 매도하는 경우가 많다.

일부 증권사, 운용사 등 금융기관의 임직원이 차명 계좌를 통해 주식을 매수해놓고 고객들에게 미리 매수해놓은 종목을 추천하고, 주가가 상승하면 미리 매수한 주식을 매도해서 수억 원의 이익을 챙긴 사건도 있다.

지인을 통한 '~한다더라, 이건 비밀인데…' 등의 정보는 대부분

상투에서 전달된다. 기억하자. '일부 기업들과 금융기관의 임직원은 우리가 생각하는 것보다 많이 도덕적이지 않다.'

시장 참여자별 매매 방법을 연구하라

▌꿀매매 용어

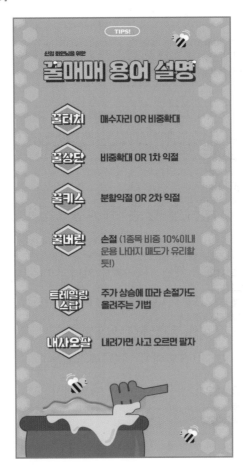

▌꿀바닥

개인 투자자들이 선호하는 매매 자리

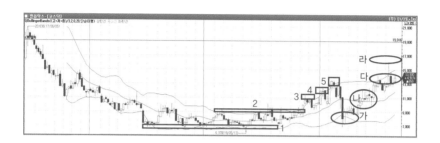

1. 위 차트 가 위치는 볼린저밴드 하한선(하단선) 부근입니다. 일명 '꿀바닥 자리'라 부릅니다.

개인 투자자들이 고점에서 물려서 장기간 존버한 종목들의 차트 자리가 대부분 꿀바닥 부근입니다. 개인 투자자들이 가장 많이 손절하는 자리입니다.

또한, 사양 산업이나 실적이 부진한 종목들과 일부 가치주(대주주가 방치한) 등이 강세장 또는 상승장에도 소외되어 장기간 주가 횡보하거나 하락하는 모습을 보이는 자리를 말합니다.

꿀바닥 탈출은 다음의 5가지 이슈가 있을 때 가능합니다.
첫째, 기업실적 회복
둘째, 신규 사업 추진
셋째, 대주주의 주가 부양 의지 및 주주 친화 정책 추진
넷째, 국내외 이슈와 관련해서 기대감이 형성될 때
다섯째, 기타 기업에 우호적인 요인이 발생했을 경우 등

개인 투자자들이 가장 선호하는 자리가 꿀바닥(볼린저밴드 하한선) 자리인데, 이 자리는 장기 횡보가 가능하므로 가급적 기업에 호의적인 국내외 이슈가 나와서 기대감이 형성될 때 매수하는 것이 유리합니다.

특히 꿀바닥에서 물타기(신용·미수) 하는 개인 투자자들이 많다 보니 반등 때마다 반대 매물이 출회되면서 장기 박스권에 갇히는 경우가 많습니다.

또한 대부분 개인 투자자들이 마지막 손절한 후 일시 급락 후 급반등하는 경향이 있습니다.

일반적으로 수개월~수년간 횡보하는 경향이 있기 때문에 매수 자리로는 좋지 않지만, 가끔 급등하는 모습을 보이기 때문에 개인 투자자가 가장 많이 매매하는 자리입니다.

▌ 꿀터치

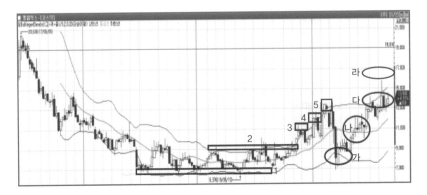

2. 앞서 차트의 나 위치는 일명 '꿀터치 자리'라 부르는데 볼린저밴드 중심선 부근으로 20 이평선 부근이기도 합니다.

일부 큰손들과 전문 투자자(금융사 출신 전업 투자자)들이 가장 선호하는 자리가 꿀터치 부근입니다.

일부 프롭트레이더나 자문사 등 작은 단위 운용역들도 꿀터치 부근 매수를 선호하는데, 일반적으로 20 이평선(볼린저밴드 중심선)을 바닥에서 상향 돌파하면 장기간 소외되었던 종목들의 턴 어라운드가 시작된 것으로 판단합니다.

꿀바닥 부근보다 꿀터치 자리에서 매수하는 것이 수익이 날 확률이 높습니다. 그러나 간혹 꿀터치(20 이평선·볼린저밴드 중심선)를 맞고 다시 하락하는 경우가 있어서 확실하게 추세가 돌파된 후 매수하거나 급등 후 눌림 시 분할로 매수하는 것이 유리합니다.

참고로 매매는 항상 분할로 매매하는 것이 유리합니다.

대부분의 종목들은 앞서 차트의 원 부근(20 이평선·볼린저밴드 중심선)처럼 돌파 후 급등하는 모습을 보이는데, 앞의 원 자리보다 뒤의 원 부근이 더 확실한 매수 자리로 활용됩니다.

앞의 원을 돌파 시 바닥에서 매수한 세력들의 차익 매물이 대거 출회되거나 장기 존버한 투자자들의 손절성 매물이 출회되기 때문에 대부분 꿀터치 자리를 돌파하더라도 추가 상승하기보다 다시 내려오는 경우가 많습니다.

또한 매집하지 못한 일부 세력들이 물량 확보를 위해 하락을 유도하는 경우가 있습니다.

또한 꿀터치 부근에 매수한 개인 투자자들의 신용·미수 물량을 털어내기 위해 작업(?)하는 경우도 있습니다. 일명 '개미털기'라고 합니다.

매수는 일반적으로 개미털기 물량이 출회되는 두 번째 원 부근에서 매수하는 것이 유리한데, 매수 시 한 번에 몰빵해서 매수하는 것보다 분할로 여러 번 나눠서 줍줍하는 것이 유리합니다.

앞서 차트는 오늘 매수한 NH투자증권의 주봉 차트인데, 몇 주간 충분히 눌림을 준 모습을 보여주고 급반등이 가능한 자리에 있습니다.

꿀터치 매수 종목들은 차트만 보고 무조건 매수하는 것이 아닙니다.

첫째, 동종 산업이 회복되고 있는지(업황 회복) 확인합니다.

둘째, 매출과 실적이 개선되고 있는 때 또는 실적 악화에서 실적 호전으로 전환될 때 매수하는 것이 유리합니다.

셋째, 대내외 충격에 따른 일시 급락 후 추세 반전 여부를 살펴야 합니다.

넷째, 최근 증시 강세가 이어지고 있으며 유동성이 증시로 빠르게 유입되고 있어 증권주들은 하반기 강하게 턴어라운드할 조건을 갖췄다고 생각하면 되겠습니다.

다섯째, 개인적으로 꿀터치 부근 매수를 가장 선호하는데, 꿀터치(20 이평선·볼린저밴드 중심선) 자리에서도 항상 분할로 매수하시기 바랍니다.

꿀상단

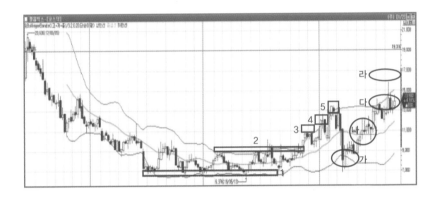

3. 앞의 차트 3번 다 위치가 꿀상단 자리입니다.

일반적으로 볼린저밴드 상단선 부근으로 꿀바닥·꿀터치 매수자들의 차익 매물이 나오는 자리로 꿀상단 매물벽 돌파 시 급등이 가능한 자리입니다.

꿀상단은 메이저들과 세력들이 가장 선호하는 매수 자리로 상단 돌파 시 매물이 없다 보니 적은 매수 물량에도 크게 급등하는 경향이 있습니다.

꿀바닥, 꿀터치 자리보다 상승할 확률은 적지만 추세를 타면 크게 급등이 나올 수 있어 꿀바닥, 꿀터치에서 매수한 투자자들이 비중을 확대하거나 추격 매수하는 자리로 활용합니다.

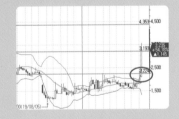

앞의 차트 모습처럼 꿀상단을 돌파한 종목들은 잠시 눌림을 주고 급등하는 경향이 있는데(일반적으로 꿀상단에서 열에 일곱은 하락), 앞 고점을 확실하게 돌파한 경우 꿀상단 위 +3% 이상 자리부터 분할로 비중 확대하거나 추격 매수하는 것이 유리합니다.

특히, 돌파하지 못하는 경우 손절 물량 출회로 꿀터치 자리까지 빠르게 조정을 받을 수 있어 손절 폭을 짧게 잡고 원칙에 따라 대응하는 것이 중요합니다.

참고로 손절가는 평단(매수 평균가) 대비 -5%가 적정합니다.

일부 프로그램(알고리즘)으로 무장한 세력들이 꿀상단에서만 매매하는 경향이 있는데, 꿀상단 돌파 시 대부분 상한가 부근에서 마감하는 경향이 있습니다 (개인적 경험).

꿀상단 매매는 최고수(선수)들의 영역으로 가급적이면 충분한 경험이 있고, 실시간 대응이 가능한 투자자들만 매매하시기 바랍니다.

통상 국내외 이슈 종목(테마주), 업황 최고 톱픽 종목(대부분 성장주, 주도주), 정부 정책주들이 꿀상단 돌파 시 급등하는 경향이 있습니다.

종목 선택 시 중요 사항을 제대로 알자

종목 선택 시 중요 참고 사항

정부 정책과 관련된 종목을 찾아라

최근 대통령이나 총리, 관계부처 장관, 국회 등의 발표에 따라 관련 수혜주들이 급등한 것을 많이 볼 수 있는데, 가급적 언론과 뉴스에 처음 발표되었을 때 관심 종목으로 살펴보고 매수한다.

사회 이슈가 되는 종목을 찾아라

매일 포털 뉴스나 언론과 TV에서 이슈가 되는 것들이 무엇인지 살피고, 이슈 관련주들을 관심 종목으로 등록해 세부적으로 분석(정성·정량 분석)하고 매수한다.

신규 테마 이슈가 될 종목을 찾아라

예전부터 이슈화되어 테마가 된 종목들보다 새롭게 등장한 이슈에 따라 형성될 테마 종목들을 잡는 것이 키포인트이다.

이 세 가지를 참고해서 종목을 선택하면 성공 확률이 높다.

기관 투자자 종목 선택 시 참고 사항

각 증권사 애널리스트들의 리포트 자료를 참고하라

매일 대략 종목 관련 70종목 내외의 기업 분석자료가 나오고 전체 시황과 업종에 대한 전망자료가 대략 100개 내외로 실시간 순으로 나온다. 빠르게 내용 분석을 하고 작성 애널리스트와 통화(인맥을 이용해 통화해야 자세히 알려줌) 또는 해당 기업의 주식 담당자(주담)와 통화한다(구체적 질문 순서에 따라 파악, 미리 만들어 놓을 것). 일반인도 얻을 수 있지만 메이저들보다는 대부분 조금 늦다. 기관, 외국인, 전문투자자들은 이미 세부적으로 검토를 끝냈을 것이다.

포털에 나온 언론사 내용과 TV·신문사 등에서 나온 뉴스를 참고하라

일단 탑다운 방식으로 빅 이슈에 따른 관련 산업 전망, 호재, 수혜 분야 등을 분석해 관련 업종을 도출하고 해당 종목을 파악한다. 파악된 해당 종목을 세부적(정성적·정량적분석)으로 검토해서 매매에 관련된 시나리오(매수자리·매도자리·비중 확대자리)를 작성하고 매매한다.

전일 급등 종목을 분석해 새로운 테마를 찾는다

매일 매일 급등한 종목들의 급등 이유를 살펴보고 새로운 테마가 될 이슈에 따른 종목들을 분류한다. 개인적으로 분류된 종목들을 정성적·정량적 분석을 통해 양호한 종목을 선정한다. 다음 골라낸 종목에 대한 매매 시나리오를 작성해서 매수한다. 경험에 의한 확률상 급등 종목 매수는 바로 추격하는 것보다 1~2일 조정 받을 때마다 여러 번 분할로 매수하는 것이 유리하다.

기타 종목 분석 방법

정성 요인과 정량 요인을 살펴보라

- 가장 중요시하는 매출 및 실적 : 해당 분기 서프라이즈 실적과 향후 실적이 양호할 종목인지 여부를 판단한다.
- 수급 현황 : 투자 주체별 매매 현황(외국인, 기관 매수 지속 여부, 특히 기관 매수가 중요하다)을 체크한다.
- 대주주·임원 : 대주주에 대한 평판 및 경력 사항, 대표이사를 비롯한 임원 경력 사항을 살핀다(특히 금융사 출신 임원이 있는 기업은 특히 주의하고, 최대한 인맥을 이용해 파악한다).
- 매출 대비 시총 현황, 대주주 지분에 따른 시장 유통 금액(적을수록 세력에 의해 급등락 가능)을 살핀다.
- 재무제표 검토 : 대차대조표, 손익계산서, 현금흐름표 등의 검토는 기본이다.
- 정부 정책 및 사회 이슈와 연관 사항 등을 파악한다.
- 거래소·금감원 공시 자료 : 특히 분기·반기·사업보고서는 세부적으로 살펴본다.
- 분기·반기·사업보고서 : 사업 내용(매출 부분, 거래처)·자본금 변동 사항(메자닌 내용)·주주사항·임직원 사항 등을 깊게 살펴본다.
- 기타 기업에 대한 업계 평판, 관련 분야 비중 및 인지도, 루머 등을 파악한다.

차트와 기술적 지표 5가지를 살펴보라

- 20 이평선 돌파 여부 : 이평선 위에 주가가 있을 때 올라갈 확률이 높고, 아래에 있으면 내려갈 확률이 높으나 전체 시장이 상승장, 횡보장, 하락장이냐에 따라 다르게 적용한다.
- 볼린저밴드 적용 시 주가 위치 : 상단선, 중심선, 하단선 여부를 살핀다.

이외에도 기타 모멘텀 지표, 변동성 지표, 추세 지표, 거래량 등을 참고한다. 차트와 기술적 지표는 타이밍을 잡을 때만 활용하고, 기업 내용(정성·정량)이 더 중요하다는 것이 핵심사항이다. 기술적 지표는 후행적으로 반영되기 때문에 이현령비현령(귀에 걸면 귀걸이 코에 걸면 코걸이)이며 상황에 따라 휩소(속임수)가 많다.

▌종목 분류에 따른 투자 방법

뒷통수주

일반적으로 카더라 통신에 의한 종목으로 추격 매매할 때 개인 투자자들이 많이 당하는 종목들이다. 대부분 루머의 내용으로 어디서 들었다, 계약한다더라, 작업한다더라, 끌어 올린다더라, 뭐뭐 한다더라 하는 종목들이 대부분으로 개인 투자자들에게 올 정도의 정보면 이미 많은 세력들이 바닥에서 매수해놓았을 것이다.

이런 종목들은 높은 가격에 추격해 매수하지 말고 가급적 주가가 바닥에서 횡보하거나 기관리포트, 언론·뉴스 등에 처음 나올 때만 접근하는 게 유리하다. 이런 종목들은 절대 욕심내지 말고 빠르게 치고 빠지는 순발력이 필요하다. 특히, 기업 실적이 엉망이거나 자본잠식이 심한 종목들은 한방에 죽는다. 상장폐지를 항상 주의하자.

일정주

일정주 A 연속성												
구분	겨울			봄			여름			가을		
	12월	1월	2월	3월	4월	5월	6월	7월	8월	9월	10월	11월
1. 계절 특징												
a. 미세먼지(공기청정기)				○	○	○	○	○				
b. 산불 관련(소방제품)				○	○	○	○					
c. 장마/홍수/가뭄(폐기물)							○	○	○	○		
d. 무더위(선풍기/에어컨)								○	○	○	○	
e. 조류독감, 구제역(백신)	○	○	○	○								
돼지콜레라, 돼지열병					○	○	○	○				
f. 난방 관련(보일러)	○	○									○	○
2. 실적 발표(분기실적)		○	○		○	○		○	○		○	○
3. 수능/공무원시험 관련	○						○	○	○	○		○
여름/겨울방학, 학원	○	○	○					○	○	○		
4. 월별일정(애국/가정의달)												
3.1절 5월 가정의달				○		○						
8.15광복절 11.11 광군제									○			○
5. 배당 관련(분기/년말)		○	○		○	○		○	○		○	○
6. 원자재(지정학적)												
유가/철강석/귀금속												
7. 정치테마(총선/대선)												
8. 기타(설연휴, 추석연휴)			○							○		

* 동그라미가 앞에 있는 것은 15일 이전 발생을 의미, 뒤에 있는 것은 15일 이후 발생을 의미하며, 앞뒤 모두 있는 것은 한 달 내내 발생한 것을 의미한다.

매년 반복되는 계절적 요인이나 월별 일정에 의한 종목이거나 정부 정책·대내외 이슈에 의해 일정이 잡히는 종목들이다. 매년 반복되는 사건들로 관련 종목들을 파악해서 발생 시점 1~2개월 정도 전에 바닥에서 미리 잡아놓는 게 유리하다. 또한 연중 최저점에 매수해놓는 것이 유리하다.

일정주 B 단발성		
구분	주요내용	비고
1. 대북 관련	개성공단 금강산개발 경협 철도건설 대북송전 DMZ관련 SOC관련 자원개발 대북가스관 시멘트 비료 농기계 핵폐기	남북 북미
2.정책(정부/국회)	수소차, 5G, 지배구조 개선, 전기차, 2차전지 바이오헬스, 4차산업, 치매 관련, 첨생법, 화관법, 화평법 법률개정, 수혜	사회 이슈
3. 메자닌 발행	전환사채 발행 교환사채 발행 신주인수권부사채 ➡ 발행 대상이 누구인가? 전환가격 또는 발행가격 등 조건을 살피기	기업 자율
4. 유상/무상 증자	주주배정 유상증자(구주주) 제3자 배정 유상증자	기업 자율
5. 자사주 관련	자사주 매입 일정 자사주 소각 일정	기업 자율
6. 지정학적 리스크	글로별 동향에 따른 지정학적 리스크(국제유가폭등) FOMC회의 관련 ECB회의 관련 미국대선 기타 글로벌 일정에 따라	
7. 기타	M&A, FDA 승인 일정, 특허 관련 일정, 신약 임상 실험 일정, 돌발 정치/경제/사회 이슈 발생	기업 자율

앞서 내용은 단발성 뉴스에 따라 변동성을 키우는 요인들로 처음 뉴스가 나오는 시점에 매수한다. 추격 매수보다는 눌림목 매수(첫 반등 후 조정할 때)가 유리하다.

실적주

매출과 실적이 증가한 종목들을 말하는데, 특히 하락장일 때 가장 유리하다. 일반적으로 기관, 외국인, 전문 투자자들은 기업 실적이 양호하거나 서프라이즈하면 끝까지 팔지 않고 보유하며 시장 급반등 시 비중을 추가하는 경향이 있다. 하락장에서는 실적 서프라이즈 종목들과 다음 분기에 실적 향상되는 종목 위주로 신규 매매하거나 교체 매매하는 것이 유리하다.

성장주

현재 성장률이 급속도로 높아지는 종목들로 향후 신제품 출시와 새로운 산업군 형성으로 큰 성장이 기대되는 종목을 말한다. 실적이 거의 없지만 성장 기대감 때문에 주가가 크게 오르는 종목들이 대부분으로 기대감이 실적과 연결될 경우에는 때때로 몇 배, 몇 십 배의 주가 폭등을 가져온다. 그러나 수백, 수천 종목 중에 한두 종목이 이에 해당되며, 오랫동안 자금이 묶이거나 변동성이 커지는 경우가 많아 주가 하락에 따른 마음고생이 심할 수 있다. 최근 바이오주들이 이에 해당되는데, 관련 기업들과 대주주·임직원들의 모럴해저드(도덕적 해이)가 심하기 때문에 진짜와 가짜를 잘 구분해서 투자해야 한다.

테마주

정부 정책, 사회 이슈, 돌발 사건에 따라 테마가 형성되는 종목을 말한다. 처음 매스컴과 뉴스에 나오는 종목들 위주로 매수한다. 너무 높은 기대 수익률보다는 치고 빠지는 단기 매매 위주로 대응하는 것이 유리하다. '화무십일홍', '권불십년'이란 말처럼 테마도 영원한 것은 없다. 처음 기대감으로 형성된 테마가 가끔 실적으로 연결되는 경우가 있지만 대부분 급등 후 급락하는 패턴을 반복한다. 기억하자. '테마는 길어야 6개월이다.' 30년 가까이 주식 시장에서 내가 경험한 내용을 참고하면 테마가 6개월을 넘는 경우는 없었다. 정부(기업) 일정에 따른 구체적 발전 방향과 예산이 편성되어 있는 경우를 제외하고 대부분 짧게 1주일 길게는 6개월 안에 급등과 급락의 패턴을 보인다.

가치주

대부분 실적가치주, 자산가치주, 부동산가치주 등으로 대형주나 그룹사·지주사들이 이에 해당된다. 시총과 유통 금액이 너무 크기 때문에 잘 안 움직이는 경향이 있으며, 대부분 대주주의 의도에 따라 움직이는 종목들이다.

재벌 2세, 3세 등 경영권 이전이 안 된 종목들은 상속세, 증여세 등 세금과 관련되어 의도적으로 주가 반등을 못하게 하는 경우도 많다. 이런 종목들은 결국 회장 사망 시 또는 건강이 악화될 경우 움직인다. 상승이 오래 걸릴 수 있으므로 가급적 매매에서 제외하지만 꾸준하게 배당(안정적인 투자 선호 시)을 주거나 전체 시장 폭락에 따른 부실기업 퇴출 시 유리한 조건이 형성될 때 접근하는 것이 유리하다.

주식 투자, 이것만은 꼭 지키자

투자의 기본 원칙과 절대 원칙을 정립하자

▌7가지 기본 원칙

첫째, 유연함

주식 투자를 하다보면 유독 사랑하는 종목이 생긴다. 정성 요인과 정량 요인이 매도 신호를 보내도 미련을 가지게 되는데, 처음 계획과 상황이 바뀌었을 때는 과감하게 손절을 해야 큰 피해를 예방할 수 있다. 바닥에서 싸게 다시 매수한다는 유연한 생각으로 대응하자. 고수는 언제든 매도할 준비가 되어 있어야 한다.

둘째, 투자 이유와 근거

주식 투자에 있어 종목 선정은 최소한의 이유와 근거를 가지고 매매해야 한다. 지난 시간에 배운 탑다운방식과 보텀업방식에 의거해 정성 요인을 살펴보고 매매해야 실수하지 않는다.

셋째, 과거 흐름 및 패턴에 대한 이해

선택한 종목의 과거 최고점까지 상승한 이유와 차트의 움직임(패턴)을 이해하면 향후 주가의 움직임을 예상할 수 있다. 특히 일정주(미세먼지, 산불 테마, 여름 테마, 기타)는 매년 반복되는 흐름을 보인다.

넷째, 잘 아는 분야가 유리하다는 사실

자신의 생활환경과 밀접한 분야의 종목을 선택해야 수익을 내기 수월하다(투자자의 직장, 거래처, 일상적으로 겪는 생활 분야, 주부들의 경우 백화점 또는 마트 생필품 등).

다섯째, 군중심리의 역이용

많은 투자자들이 주저하고 두려워할 때 매수해야 한다.

매수해서 수익이 나면 물량을 늘려간다(물타기 ×, 불타기 O).

너도나도 달려들면 욕심내지 말고 챙긴다('소문에 사서 뉴스에 판다').

좋은 종목(실적, 정부 정책, 계절 일정)은 우직하게 때를 기다린다(모두가 두려움에 손절할 때 기회가 온다).

여섯째, 감정을 배제한 이성적인 투자

일상에서 받는 스트레스를 주식 투자에 연결하지 않아야 하며, 작은 주가 변동에 연연하면 실수할 수 있다. 갑자기 찾아오는 탐욕(물타기·몰빵)과 공포(짧은 익절·손절)를 이겨내야 한다. 항상 이성적(정성 요인·정량 요인)으로 투자한다.

일곱째, 원칙에 따라 시나리오대로 투자

모든 매매는 사니리오가 준비되어 있어야 한다(매수 자리, 익절 자리, 비중 확대 자리, 손절 자리). 계획되지 않은 매매만 자제해도 손실은 보지 않는다.

주식 투자에 있어 이 7가지 기본 원칙만 준수해도 성공할 수 있다!

3가지 절대 원칙

주식 투자 시 원칙에 따라 어디서 매수하고 어디서 매도할지, 비중 확대 자리, 손절 자리 등 미리 매매 시나리오가 준비되어 있어야 한다. 또한 손절 원칙과 자금운용 계획이 반드시 준비되어 있어야 한다. 지켜야 할 3가지 절대 원칙은 다음과 같다.

첫째, 트레이딩 조건 및 전략의 수립

기업 내용과 실적 등 펀더멘털(정성·정량 요인) 분석을 통해 매매 종목을 선정하고 차트(분봉, 일봉, 주봉, 월봉)와 기술적 지표 등을 참고해 트레이딩 시나리오에 따라 매매한다.

둘째, 자신만의 절대 원칙(매매 원칙, 손절 원칙, 자금 관리 원칙) 정립

- 투자 기간에 따른 목표가 및 손절가가 정해져 있어야 한다. 반드시 원칙에 따라 매매해야 실수하지 않는다(물타기X, 장기 존버X).
- 자금 관리 및 리스크 관리 방법이 준비되어 있어야 한다. 주식 투자의 자금이 여유 자금인지 조만간 쓸 자금인지를 구분해서 매매해야 실수하지 않는다. 특히 신용·미수를 활용할 경우 수익이 났을 때만 홀딩하거나 장 마감 종가 부근에는 상환하고 가는 것이 유리하다.
- 장세별 적정 종목 수와 주식 비중에 대한 계획이 준비되어 있어야 한다.

셋째, 때로는 현금도 좋은 종목

- 매매를 하다보면 주식 시장을 안 보면 미칠 것 같은 상황까지 가게 되는데, 이런 현상이 있는 투자자는 크게 실수할 우려가 있어 매매를 자제하는 것이 유리하다(개인적으로 주식 시장을 자신 의지대로 3일 정도 보지 않는다면 중독되지 않은 것으로 본다).
- 주식 시장이 애매한 자리(과열권)에 있거나 특별한 대내외 이벤트가 있을 경우에는 주식 비중을 줄이고 현금화하는 것이 유리하다.
- 크게 수익이 났을 경우나 크게 손실이 발생한 경우에는 매매를 쉬는 것이 유리하다. 크게 수익이 나면 자만하게 되고 자신이

최고수가 된 것으로 착각해서 신용·미수 등을 무리하게 사용해 한순간 전부 손해볼 수 있다. 또한 크게 손실을 보면 한 번에 만회하고자 무리하게 비중을 확대하는 경우가 종종 있는데, 이런 경우 열 번의 행운이 와도 한 번의 실수로 깡통을 맞이할 수 있다. 매매를 감정으로 해서는 안 되며, 운을 시험하려 들지 말자! 여러 번 몰빵으로 수익이 난 투자자는 '한 번만, 한 번만 더' 하다 그 한 번의 실수로 모든 걸 잃을 수 있다. 절대 몰빵만은 하지 말아야 한다. 주식 투자가 고민될 때는 일단 현금이라는 주식을 보유하자!

효율적인 매수 방법을 제대로 알자

▌신규 매수 시

탑다운 방식(Top-down Approach)

탑다운 방식은 주식을 선택하는 방법으로 거시경제 분석을 통해 유망 산업을 선정하고, 그 다음 세부 기업을 찾아내는 것을 말한다. 거시경제, 산업분석을 통해 유망산업을 찾아낸 후, 기본적 분석을 통해 개별 기업을 찾아낸다. 탑다운 방식은 일반적으로 거시경제를 통해 산업을 분석한 다음 기업을 분석하는 방식이다. 단계는 다음과 같다.

1단계 - 유망 산업을 선정한다(대내외 경제 이슈, 정부 정책, 사회 이슈, 기타).
2단계 - 주도 종목군을 선정한다(**예** 반도체, 5G·폴더블, 디스플레이, 전기차 등).
3단계 - 투자 종목을 분류해 리서치한다.

보텀업 방식(Bottom-Up Approach)

보텀업 방식은 일반적으로 기업부터 분석하고 산업, 경제로 거슬러 올라가는 분석 방식을 말한다. 단계는 다음과 같다.

1단계 - 급등·강세 종목을 분석하고 리서치한다(**예** 삼성전자, SK하이닉스).
2단계 - 테마·이슈 종목군과 주도 업종·종목을 선정한다(**예** 반도체 관련).
3단계 - 테마·이슈 종목군과 주도 종목을 분석하고 리서치한다(**예** 반도체 전공정·후공정, 반도체 소재·부품·장비 기타 관련주).

탑다운 방식과 보텀업 방식에 따라 유망 산업과 업종을 선택하고 리서치에 따라 선정한 종목을 매수한다. 이때 2회 분할해 매수하는 것이 유리하며 전체 비중에서 최대 10% 이내 매수하는 것이 유리하다. 매수에 유리한 타이밍은 시초가(장 전 동시 호가), 장 중 저점(10시 부근), 종가(마감 동시 호가)에 매수하는 것이 유리하다.

아침 동시 호가

장 시작 동시 호가 8시 30분~9시, 고가순 시작하는 가격을 체결한다.
대외 증시 하락과 급락 시 → 매수(전저점, 지지대 깔매)
대외 증시 상승과 급등 시 → 매도(전고점, 저항대 깔매)

• 시초가(동시 호가) 매수는 전일 글로벌 증시 상승 또는 강세장이 예상될 때 유리하며, 그 이유는 신용·미수 반대 매매 물량에 따라 시초가에 약하게 출발하는 경우가 많기 때문이다.

> **장 중 대응 오전**
>
> 9시~12시, 전일 대외 증시, 시간 외 나스닥, 아시아 증시의 영향을 받는다.
>
> 주가 상승 시 → 10시 부근 매도가 유리
>
> 주가 하락 시 → 10시 부근 매수가 유리

• 장 중 저점(10시 부근) 매수는 전일 글로벌 증시 하락 또는 박스권 장세가 예상될 때 유리하며, 그 이유는 장 초반에 글로벌 증시 하락분이 반영되고 대부분 전약후강의 모습을 보여 바닥을 형성하고 상승하는 경우가 많기 때문이다.

> **마감 동시 호가**
>
> 15시 20분~15시 30분, 고가순 마감하는 가격을 체결한다.
>
> **시간 외 단일가**
>
> 16시~18시, 10분 단위로 체결하고, 상하한가 ±10%, 시간 외 단일가 상 부근 50% 익절

• 종가(마감 동시 호가) 매수는 시간 외 증시 또는 중국·아시아 주변국들의 증시가 약세 흐름을 보일 때 유리하며, 그 이유는 장 막판에 투매성 물량이 출회되는 경우가 많기 때문이다.

▌비중을 확대할 경우

(1) 기존 매수 종목을 추가 매수하는 방법으로 사전 계획(시나리오)에 따라 비중을 확대해야 한다.

⑵ 2회 분할해 매수하는 것이 유리하며 최대 전체 비중에서 10% 이내 매수하는 것이 유리하다(1종목 총 비중 20% 이내).

⑶ 비중 확대 방법에는 시나리오상 분할 매수, 불타기, 물타기 방법이 있다.

• 분할 매수(시나리오상)는 최초 진입 가격보다 하락할 경우 사전 계획하에 추가 매수하는 방법이다.

• 불타기(피라미딩)는 최초 진입 가격보다 상승할 경우 사전 계획하에 추가 매수하는 방법이다.

• 물타기는 최초 진입 가격보다 하락할 경우 싸다고 생각되어 계획에 없이 추가 매수하는 방법이다. 물타기는 절대 금지!

• 수년째 적자가 이어지는 기업과 결손금 기업은 가급적 매매하지 않는다.

• 장 중 대응이 어려운 투자자는 2회 분할해 매수를 깔아놓는 것이 유리하다(전일 대비 −5% 이하 가격에 깔아놓고 나머지는 −10% 이하 가격에 깔아놓는다).

• 매수를 깔아놓았으나 체결되지 않은 경우는 일반적으로 종가에 매수하고 가는 것이 유리하다.

효율적인 매도 방법을 제대로 알자

▌이익으로 매도할 경우(이익실현)

(1) 매수한 종목을 이익실현할 경우는 목표가에 도달했을 때와 매
수 종목의 펀더멘털이 훼손되었을 때이다. 이익실현 목표가는
장기, 중기, 단기, 스윙·단타 기간에 따라 차이를 둔다.

트레이딩 운용 목표 예

구분	목표가 하락장	목표가 상승장
장기 매매(6개월 이상)	30% 이상	100% 이상
중기 매매(4주~6개월 이내)	15% 이상	50% 이상
단기 매매(4주 이내)	10% 이상	20% 이상
스윙 매매(1주일 이내)	5% 이상	7% 이상
단타 매매(2일 이내)	3% 이상	5% 이상
1종목 주식 비중 → 수익 시만 비중 늘림	하락장 10%	상승장 20%

• 장기 투자는 6개월 이상, 목표가 하락장 30%, 상승장 100%로
  잡는다.
• 중기 투자는 4주~6개월 이내, 목표가 하락장 15%, 상승장
  50%로 잡는다.
• 단기 투자는 4주 이내, 목표가 하락장 10%, 상승장 20%로 잡
  는다.
• 스윙·단타 투자는 1주일 이내, 목표가 하락장 5%, 상승장 7%
  로 잡는다.

※ 포트폴리오 종목의 펀더멘털이 훼손되었을 때는 즉시 매도한다.

(2) 2회 분할해 매도하는 것이 유리하며 상승 출발 시 시초가 50% 매도, 장 중 고점(10시 부근) 매도가 유리하다.

(3) 시나리오(트레이딩 운용 목표)에 따라 매도하는 원칙이 습관화되어야 한다. 감정이 아닌 이성으로 매매해야 슈개(슈퍼개미), 전문 투자자(큰손), 고수가 될 수 있다.

▌손실 발생으로 매도할 경우(손절매)

(1) 사전에 설정한 손절매 가격에 도달한 경우 분할해 매도한다. 손절매 가격은 장기, 중기, 단기, 스윙·단타 기간에 따라 차이가 있을 수 있다.

트레이딩 운용 손절 예

구분	손절가 하락장	손절가 상승장
장기 매매(6개월 이상)	10%	15%
중기 매매(4주~6개월 이내)	7%	10%
단기 매매(4주 이내)	5%	7%
스윙 매매(1주일 이내)	3%	5%
단타 매매(2일 이내)	2%	2%

• 장기 투자는 6개월 이상, 손절가 하락장 −10%, 상승장 −15%로 잡는다.

• 중기 투자는 4주~6개월 이내, 손절가 하락장 −7%, 상승장 −10%로 잡는다.

- 단기 투자는 4주 이내, 손절가 하락장 −5%, 상승장 −7%로 잡는다.
- 스윙·단타 투자는 1주일 이내, 손절가 하락장 −3%, 상승장 −5%로 잡는다.

   ※ 포트폴리오 종목의 펀더멘털이 훼손되었을 때는 즉시 매도한다.

(2) 기업 내용이 훼손되지 않은 경우 50%만 매도, 훼손된 경우는 전량 매도한다.

(3) 정부 정책 및 국내외 이슈 관련주, 일정주는 중장기 매매가 유리하며 테마주 등은 단기, 스윙 및 단타가 유리하다.

(4) 장 중 대응이 어려운 투자자는 2회 분할해 매도를 넣어놓는 것이 유리하다(전일 대비 +7% 이상 가격에 넣어두고 나머지는 +15% 이상 가격에 넣어놓는다).

(5) 매도를 넣어놓았으나 체결되지 않은 경우는 일반적으로 종가에 매도하고 가는 것이 유리하다.

기관(프롭트레이더·자문사), 슈개, 큰손 트레이딩을 제대로 알자

제4차 산업혁명이 진행되고 있는 이 순간에도 미래는 이미 주식 시장에 들어와 있다. 끊임없는 기술과 통신의 발달, 정보에 따른 프로그램(알고리즘)의 정교화에 따라 주식 시장은 사실 기계들과의 전쟁터가 된 지 오래이다.

최근 월가에서는 기계(프로그램)가 1초당 50~100번 이상의 트레이딩을 하고 있으며 국내에서도 1초당 10~20번 이상의 트레이딩을 하고 있는 상황이다. 나 역시 알고리즘 프로그램을 개발해 기관에 투자 자문을 했었다(1초당 5~10번 이상 매매 가능한 프로그램 개발해 운용). 이런 기계와의 전쟁에서 승리하려면 철저한 원칙과 시나리오에 따라 매매를 하는 것이 중요하다. 많은 슈개(슈퍼개미)들과 큰손·전문 투자자(금융사 출신 개인 투자자)들도 프로그램(알고리즘)을 이용해 매매를 하는데, 이들과 대적하려면 나름의 전략과 전술이 필요하다.

초단타 트레이딩

일반적으로 진입과 청산을 몇 초 내 또는 몇 분 내에 끝내는 매매를 말한다. 빠르게 수익을 챙겨야 하기 때문에 모든 투자자들의 관심이 집중되는 업종과 종목을 공략해야 한다. 매매 대상은 일반적으로 다음과 같다.

- 국내외 이슈 관련 테마 톱픽 종목
- 정부 정책 관련 톱픽 종목
- 전일 시간 외 단일가 급등 종목(상한가 종목)

매매에 있어 촌각을 다투다 보니 정성 요인(기업 내용)과 정량 요인

(매출·실적)보다는 차트와 기술적 지표에 따라 매매한다. 사실 초단타 매매는 세력들(검은 머리, 프롭트레이더·자문사, 슈개, 큰손, 꾼들)의 머니게임이다.

> ※ 하루 3번의 기회가 있는데 매매 공략 시간은 장 전 동시 호가, 장 시작 직후, 점심시간 급등 후 눌림 시에 매매하는 것이 유리하다.

- 장 전 동시 호가
  - 전일 시간 외 단일가에서 상한가 마감한 종목
  - 장 마감 후 또는 개장 전까지 국내외 이슈·뉴스 관련 종목
  - 동시 호가에 무조건 체결시키기 위해 통상 전일 대비 +10% 아래로 10~20호가로 분할 매수를 깔아놓는다(가급적 무조건 매수).
- 장 시작 직후
  - +10% 이상 급등 출발한 종목
  - 테마·이슈 대장주로 거래량이 가장 많은 종목
  - 시초가 아래에서 5~10개 아래 호가로 깔아놓는 매매가 유리하다.
- 점심시간 급등 후 눌림 시
  - 장 초반 +20% 이상 급등 또는 상한가를 갔던 종목 중 시초가 부근까지 밀린 종목 또는 +10%선까지 밀린 종목을 분할 매수한다.
  - 11시 전까지 가장 뉴스가 많이 나온 종목

- 테마·이슈 대장주로 거래 금액이 유통 금액의 30% 이상 거래된 종목
- 장 중 저점부터 5~10호가 아래로 깔아놓고 매수해야 유리하다(장 중 저점은 10시 이전 최저점).

목표가는 평단 대비 +1~3%, 손절가는 평단 대비 −0.5~1.5% 원칙하에 매매한다. 대부분 프로그램(알고리즘)으로 자동 매매되도록 세팅되어 있다. 기관, 슈개, 큰손, 꾼은 대부분 프로그램으로 수십~수백 번 이상 매매한다. 파생의 경우 일 평균 십만 번 이상 매매한다. 주로 틱띠기(증권사 프롭트레이더로 근무할 때 나도 틱띠기 프로그램을 개발해 운용함)로 매매한다.

초단타 매매는 선수들의 영역(프로그램의 영역)으로 실시간 대응이 필요하며 순발력이 필요하다. 그러나 아무리 순발력이 뛰어나도 기계를 이기기는 힘들다. 가능하면 초단타로 매매하지 않는 것이 유리하다.

▌ 단타 트레이딩

일반적으로 진입과 청산을 당일 또는 익일 내에 끝내는 매매를 말한다. 모든 투자자들의 관심이 집중되는 테마와 업종 중에서 톱픽 종목 이후 움직일 차기 종목을 주 공략 대상으로 한다. 매매 대상은 일반적으로 다음과 같다.

- 국내외 이슈 관련 테마·업종, 톱픽 종목과 상관관계가 있는 차기 종목 또는 다음 종목
- 정부 정책 관련 톱픽 종목과 상관관계가 있는 관련 종목 또는 차기 종목
- 전일 시간 외 단일가 상승 종목(+5% 이상 마감 종목)

정성 요인(기업 내용)과 정량 요인(매출·실적)보다는 차트와 기술적 지표에 따라 매매하며 대부분 기대감으로 주가가 상승하는 종목들이다.

※ 하루 4번의 기회가 있는데 매매 공략 시간은 장 전 동시 호가, 장 시작 직후, 점심시간 급등 후 눌림 시, 마감 동시 호가이다.

- 장 전 동시 호가
  - 전일 시간 외 단일가에서 상승(+5% 이상)한 종목
  - 장 마감 후 또는 개장 전까지 국내외 이슈·뉴스 관련 종목
  - 동시 호가에 가급적 체결시키기 위해 통상 전일 대비 +5%부터 아래로 분할해서 주문을 넣는다(10~20개 아래 호가로 깔아놓는 매매가 유리).
- 장 시작 직후
  - 5% 이상 상승 출발한 종목
  - 테마·이슈 차기종목으로 거래량이 많은 종목
  - 10~20개 아래 호가로 깔아놓는 매매가 유리하다.

- 점심시간 급등 후 눌림 시
  - 장 초반 +10% 이상 급등 또는 신고가 나온 종목 중 시초가 부근까지 밀린 종목
  - 11시 전까지 뉴스가 많이 나온 종목
  - 테마·이슈 차기 종목으로 거래 금액이 유통 금액의 10% 이상 거래된 종목
- 마감 동시 호가
  - 국내외 이슈 관련 테마 및 톱픽 종목으로 급등 후 시초가까지 밀린 종목을 공략한다.

목표가는 매수 평단 대비 +5%, 손절가는 매수 평단 대비 −3%를 원칙으로 한다.
- 기관, 슈개, 큰손, 고수, 꾼은 대부분 여러 번~ 수십 번 이상 매매한다.
- 파생의 경우 일 평균 수백 번 이상 매매한다(대부분의 차익 거래 또는 합성 거래).

단타 매매 역시 선수와 고수들의 영역으로 순발력과 실시간 대응 가능한 투자자만 매매한다. 가급적 수년 이상 매매 경험이 있는 투자자만 매매한다.

스윙 트레이딩

일반적으로 진입과 청산을 1주일 내에 끝내는 매매를 말한다. 모든 투자자들의 관심이 집중되는 업종과 테마가 형성된 종목을 공략 대상으로 한다. 매매 대상은 일반적으로 다음과 같다.

- 국내외 이슈 관련 업종 및 테마가 형성된 종목
- 정부 정책 관련 종목으로 실적과 기업 내용이 양호한 종목
- 최근 급등한 종목 중 1~2일 조정 중인 종목 또는 급등할 종목

차트와 기술적 지표보다는 정성 요인(기업 내용)과 정량 요인(매출·실적)이 양호한 종목들을 매매한다.

※ 하루 4번의 기회가 있다고 보는데 매매 공략 시간은 장 전 동시 호가, 장 시작 직후, 점심시간 급등 후 눌림 시, 마감 동시 호가이다.

- 장 전 동시 호가
  - 최근 상한가 또는 급등했던 종목으로 1~2일 눌림을 주고 있는 종목
  - 일주일 내 국내외 이슈 및 테마가 형성된 종목
  - 동시 호가에 가급적 체결시키기 위해 통상 전일 대비 +2% 이상의 호가에 주문을 넣는다(당일 2~3회 분할 매수가 유리).
- 장 시작 직후
  - 보합 출발하거나 음봉 출발한 종목

- 테마·이슈로 거래량이 급등했던 종목
- 전일 대비 보합~10호가 아래로 깔아놓는 매매가 유리함
- 점심시간 급등 후 눌림 시
  - 장 초반 +5% 이상 상승 또는 신고가 종목 중 마이너스 눌림을 주는 종목
  - 일주일 내 뉴스가 많이 나온 종목
  - 테마·이슈 관련주로 거래량이 급격히 감소한 종목
- 마감 동시 호가
  - 국내외 이슈 관련 테마·톱픽 종목으로 장 마감 시 보합 부근 또는 마이너스까지 내려온 종목이 유리
  - 종가로 전부 매수하기보다 익일 일부 물량을 매수하는 분할 매매가 유리

목표가는 평단 대비 +7%, 손절가는 평단 대비 −5% 원칙하에 매매한다.

- 기관, 슈개, 큰손, 고수, 꾼들이 1차로 털고 나간 종목으로 2차 세력이 들어올 가능성이 있는 종목
- 파생의 경우 포지션 트레이딩으로 일반적으로 차익 거래 또는 합성 거래가 대부분이다.

스윙 매매는 고수와 선수의 영역이지만 원칙과 시나리오가 있는 개인 투자자도 수익을 내기 용이한 방법이다. 특히 실시간 대응이 가능하고 순발력 있는 투자자가 유리하다.

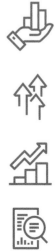

PART 02

실시간 매매
교육 노하우

2장에서는 주식 투자자들을 대상으로 저자가 수개월 간 교육했던 내용을 설명한다. 가치 투자와 모멘텀 투자에 대한 내용, 메자닌 분석방법과 활용법에 대해 실시간 교육했던 자료들을 살펴보기 바라며, 또한 기술적 지표 5가지를 활용한 트레이딩 시나리오 방법을 숙지했으면 한다.

02

장 중 실시간 매매 노하우

세력들이 급등락을 유도하는 이유

급등락 롤러코스터 움직임을 연출하면 일반적으로 개인 투자자들은 저점 손절, 고점 추격 매수하는 경향이 있어 손실에 멘탈이 붕괴되는 모습을 보입니다.

이런 경향을 너무 잘 알기 때문에 세력들이 급등락을 연출해서 개인 투자자들이 손절하고 발붙이지(매매) 못하게 합니다.

일반적으로 물량을 매집할 경우에도 급등락 롤러코스터를 연출해서 계획된 자리 저점에서 매수하고 계획된 자리 고점에서 매도를 반복합니다.

개인 투자자들이 급등락에 지쳐 욕하면서 던질(매도) 때 전부 털리면(손절하면) 그때 날라(상승)갑니다.

또한 공매도 세력들이 상승을 막는 경우가 있습니다.

공매도 세력들도 이렇게 빈번한 급등락으로 거래량이 터지는 경우(본인들의 의도가 아닐 때) 대차나 공매도 물량을 정리하기 시작합니다. 일부 슈개나 세력들이 숏커버링을 유도할 때도 급등락 롤러코스터를 연출합니다.

이런 급등락 롤러코스터 흐름을 보이는 종목들의 매매 방법은 박스권을 설정해서 하단 매수, 상단 매수를 반복하는 내사오팔 전략이 유리합니다.

내사오팔 전략 시 주의할 점은 전부 매도하면 다시 매매하기가 꺼려진다는 점입니다. 중장기 투자한 종목들이 급등락할 때는 항상 일부는 남겨두고 매매하시기 바랍니다.

참고로 대부분의 전문 투자자(큰손)들은 주식 투자에 있어 손절매를 가장 중요하게 생각합니다.

주식 매수 후 추가 매매 방법 3가지 이해하기

물타기

매수 후 가격이 떨어질 때 싼 것 같아서 추가로 매수 또는 비중 확대하는 방법을 말한다. 기억하자. '물타기는 깡통으로 가는 지름길이다.'

계획된 매수

최초 종목 선정 후 매수 시 시나리오에 따라 1차, 2차, 3차 매수 가격을 준비하고 가격이 왔을 때 추가로 매수하는 방법이다. 계획된 매수는 실적주 위주로만 활용하는 것이 유리하며 손절 원칙을 철저하게 지켜야 한다. 2차, 3차 추가 매수하고 손절가 이탈 시는 일단 손절 매도하고 본다.

불타기

매수 후 가격이 상승할 때 추가로 비중을 확대하는 방법이다. 기

억하자. '불타기(피라미딩 기법)는 성공으로 가는 지름길이다.' 불타기
시 주의할 점은 매수 평단 이탈 시 반 이상은 반드시 손절해야 밑에
서 재매수가 가능하다. 평단 이탈 후 손절 없이 추가 매수는 물타기
로 간주한다.

주식 투자는 팩트보다 수급이 중요하다

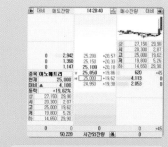

이 이노메트리는 19,800원까지 하락
했다가 현재 24,350원으로 다시 급등
을 주고 있는데, 주식 투자를 하면서
항상 염두에 두어야 할 부분으로 주식
투자는 팩트(사실 여부)로만 하는 것이
아니라는 겁니다.

스펙이 좋고, 똑똑하다고 자신하는 투
자자들이 항상 중요시하는 부분이 팩
트인데, 팩트보다 우선하는 것이 기대
감에 따른 수급입니다.

지난 3월 코로나19 여파로 주가가 급
락했을 때 팩트를 따지던 일부 메이저
들은 경기 침체를 우려하고 주식을 연
일 매도하였습니다. 그 결과 V자 반등
에 수익을 내지 못하고 많은 운용역들
이 시장에서 퇴출되었습니다.

수익을 낸 투자자는 과거 IMF와 금융
위기를 경험하고 반등할 거라는 기대
감으로 폭락에 매수한 개인 투자자들
입니다. 일명 동학개미들입니다.

이노메트리(25,050원) VI입니다.

이노메트리의 팩트는 SK가 인수를 검
토하고 있지 않다(공시 자료)는 것인
데, 주가는 M&A 기대감에 급등합니
다. 이렇게 팩트보다 우선하는 것이 돈
의 힘(기대감)입니다.

주식 투자를 하면서 너무 옳고 그름을
따지지 않았으면 합니다. 팩트보다 수
급이 우선합니다.

상따(상한가 따라잡기) 매매 시 주의하라

> 요즘 장 마감 무렵 주가를 끌어 올린 후 시간 외 단일가에서 상한가를 만들고 다음 날 개인 상따(상한가 따라잡기)가 들어오면 급등에 매도하는 세력이 있습니다.
>
> 개인 상따 매매를 타깃으로 하는 것 같은데, 추격 매매를 선호하는 분들은 주의하시기 바랍니다.

일부 거래량 없는 종목들은 장 막판 마감을 몇 분 안 남기고 대량 매수하는 경우가 있는데, 이런 종목들은 시총이 작거나 유통 물량이 적은 종목을 대상으로 일부 세력들이 작업을 한다. 특히 시간 외에서 적은 물량으로 상한가를 만드는데, 상한가에 개인 추격 매수가 들어오면 익절하고 매수가 없으면 익일 시초가에 급등시킨다. 대부분의 개인 투자자들은 급등 종목을 선호하기 때문에 기업 내용과 실적 등을 보지 않고 추격 매수하는데, 대부분 고점에서 물리게 되어 존버하거나 손절하게 되는 경우가 많다. 장 막판 급등 종목은 시간 외 단일가 상한가 마감 시와 익일 시초가 급등 시 특히 주의를 요한다.

2020년 7월 30일 장 마감 30분을 남겨두고 주가가 +9% 가량 상승했다. 30분간 거래량은 158,478주로 대략 3.5억 원이다.

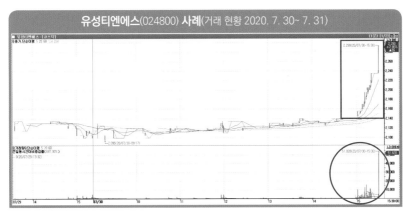

유성티엔에스(024800) **사례**(거래 현황 2020. 7. 30~ 7. 31)

장 마감 20분간 거래 현황

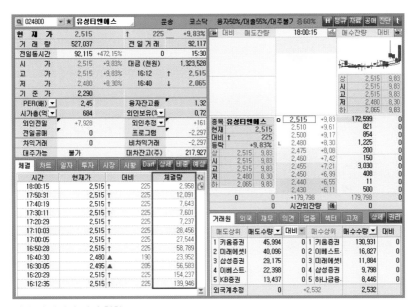

시간 외 단일가 거래 현황

시간 외 단일가 상한가 체결은 527,037주로 대략 13.2억 원이다.
상한가 잔량 172,599주는 대략 4.34억 원이다.

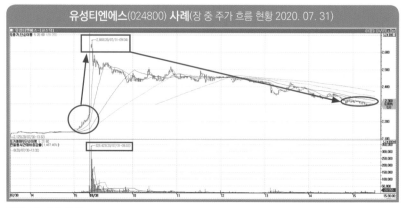

유성티엔에스(024800) 사례(장 중 주가 흐름 현황 2020. 07. 31)

다음 날 거래 현황

　시초가 급등 출발하면서 10분간 전일 시간 외 단일가 2,515원 이탈까지 대략 100만 주 정도 거래되었다. 전일 들어왔던 물량 2,515원 이상(2,515~2,660원)에서 세력 물량은 전부 익절하고 나간 것으로 보인다. 장 마감까지 3,180,340주 거래되며 종가 2,300원 보합 부근에서 마감했다. 고점에서 개인 투자자들이 대부분 매수해 물린 것으로 보인다. 유성티엔에스뿐만 아니라 대부분의 장 마감 무렵 급등 종목들은 동일한 움직임을 보이는 것으로 파악되어 주의가 필요하다.

상따 종목 대응 매매법

- 일단 15시 이후 갑자기 급등하는 종목은 종가 동시 호가에 일부 매수한다(대략 +5% 이상 상승하는 종목, 특히 거래량이 없다가 터질 때).
- 15시~15시 20분 장 중 보초병을 잡아놓는다. 대략 비중은 1% 정도가 좋다.
- 시간 외 단일가에 급등 또는 상한가일 경우 일단 50% 매도한다.
- 익일 시초가 급등에 전량 매도한다.

시초가 급등 출발 종목 매매 시 투자 원칙

- 분할매매로 진입한다(이슈 톱픽 +10~5%, 기타 이슈 +5~2%).

- 목표가와 손절가를 명확히 하고 철저하게 지킨다.

  스윙 → 목표 +7%, 손절 −5%

  단타 → 목표 +5%, 손절 −3%

- 매수하자마자 목표가에 매도를 넣어놓고 손절가에 스톱을 걸어
  놓는다(사용 증권사 스톱 기능을 숙지할 것).

주식 투자 시 마음가짐

주식 투자 시 마음가짐을 다시 한번 복습하겠습니다.

주식 투자를 하다보면 무지하게 좋은 기업(기업 내용과 실적)도 급락하는 경우가 있으며, 거지같은 종목(수년간 적자, 자본 잠식)도 급등하는 경우가 있습니다.

감정 컨트롤이 안 되는 투자자는 매번 고점에서 추격 매수하고 저점에서 손절하는 실수를 많이 합니다.

주식 투자 시 조급한 마음만 자제해도 손실은 발생하지 않습니다.

급등 시 추격 매수하고 싶을 때 또는 급락 시 손절하고 싶을 때는 냉정하게 매매를 자제하는 것이 유리합니다. 잠시 바람을 쐬고 오는 것이 유용한 방법입니다.

지금 급등하는 종목들도 마냥 올라가지 않습니다. 개인 투자자가 추격 매수하면 귀신같이 차익 매물이 나옵니다.

아무리 좋아도 그냥 폭등하는 종목은 수백 종목 중 1종목 정도인데, 추격 매수하지 말고, 눌림까지 기다리세요(기다리는 자리가 안 오면 여러분과 인연이 없는 종목입니다).

일반적으로 실적 있고 기업 내용이 좋은 종목들은 더디지만 시간이 지나면 전부 제자리를 찾아갑니다.

지금 당장 하락에 마음이 쓰이지만 펀더멘털이 훼손되지 않았다면 최초 진입 시 설정한 손절 가격까지는 기다려 봅니다. 항상 원칙대로 매매해야 실수하지 않습니다.

주식 투자 시 가장 주의해야 할 점은 몰빵 투자입니다. 1종목 비중이 너무 크면 다른 종목 급등에 소외감이 커져서 실수하게 되는 경우가 많습니다(빨리 수익을 만회하려고 급등주를 추격 매수).

무리하지 않기 위해 항상 적정 비중으로 매매해야 하고, 실수하지 않기 위해 원칙과 시나리오가 준비되어 있어야 합니다.

기관과 외국인들은 개인 포지션을 모두 보고 있습니다. 신용·미수는 가급적 자제하고 최소 10종목 정도의 포트폴리오로 매매하시기 바랍니다.

'마음이 편해야 주식 투자도 잘됩니다. 기다리고 기다려서 매매하세요!'

종목 선택보다 원칙에 따른
시나리오 매매가 중요하다

주식 투자에 있어서 종목 선택보다 중요한 것이 있습니다. 뭘까요?

1. 좋은 종목을 펀드멘털(정성 요인, 정량 요인)과 테크니컬(차트, 기술적 지표)로 분석한 후 선택한다.

2. 원칙에 따라 시나리오를 작성하고 이성적으로 매매한다.

1번도 중요하지만, 사실 트레이딩에 있어서는 2번이 더 중요합니다.

많은 개인 투자자들이 매수와 이익실현은 잘하지만 손절을 하지 못하는 분들이 대부분입니다.

특히 처음 매매를 했던 종목에 애착을 갖는 경우가 많으며, 최초 분석 시 펀드멘털이 양호했던 기업일수록 손절하지 않는 경우가 많습니다(실적이 양호하고 성장이 이어지고 있는 분야의 기업은 시간이 흐르면 제 가격을 찾아감).

그런데 요즘처럼 일부 종목만 상승하는 차별화 장세에서는 기회비용과 소외감에 따른 정신적 스트레스 때문에 감정적인 투자를 하는 경우가 종종 있습니다.

최근 기관과 외국인 투자자들, 슈개, 큰손(전문 투자자)들이 개인 심리를 이용해서 개인 투자자들이 추격 매수하게 하고 급등에 차익 매물을 쏟아내는 모습을 많이 보이고 있습니다.

반드시 원칙에 따라 매매를 하셔야 실수하지 않습니다. 가급적 급등 종목들을 추격 매수할 경우는 비중을 적게 해서 분할 매수하시기 바랍니다.

특히, 급등주의 추격 매수는 손절 원칙을 철저하게 지키는 것이 중요한데, 대략 –3% 정도의 손절이 적정합니다. 익절은 +5% 이상이 적정합니다.

최근 우리 증시는 강세장에서 급등장으로 전환한 모습입니다. 오늘 거래소는 2,200포인트를 상향 돌파했습니다.

급등장의 특징은 변동성이 확대되고 주가가 롤러코스터 흐름을 보이는데, 1종목에 몰빵한 경우 롤러코스터가 내려가는 구간에서 손절하게 되고, 올라가는 구간에서는 추격 매수하는 실수를 범하게 됩니다.

몰빵을 하면 한 번 실수로 많은 시간 피땀으로 정립한 원칙과 올바른 매매 습관이 무너질 수 있습니다. 좋은 매매 습관이 깨지고 멘탈이 무너지면 10년 노력이 도로아미타불입니다.

분할 매수!
손절 철저!
몰빵 금지!
내사오팔!

이 싸(4)가지는 꼭 지켜서 매매하시기 바랍니다.

참고로 급등장에서는 운용 종목이 많아야 유리하고, 급락장에서는 운용 종목이 적어야 리스크 관리와 수익을 극대화할 수 있습니다.

급등장은 다양한 종목 운용, 주가 급등락에 따른 롤러코스터로 리스크 방지 및 종목별 차별화에 따른 소외감을 방지합니다.

내사오팔 매매기법 배우기

오늘은 내사오팔 매매법을 살펴보겠습니다.

내사오팔은 '내리면 사고 오르면 팔자!'입니다.

저는 프롭트레이더 출신이다 보니 손해 보는 걸 무척 싫어합니다.

프롭트레이더는 월 단위로 손실이 없어야 살아남기 때문에 리스크 관리를 철저히 해야 합니다. 한마디로 절대 수익을 추구합니다.

요즘은 강세장, 상승장, 급등장으로 일부 주식이 급등하는 상황이다 보니 개인 투자자들 중 몰빵을 하고 가만히 있어야 했다고 자책하는 분들이 있습니다.

만약 약세장, 하락장, 급락장이 오면 이런 투자자들은 백이면 백 깡통 차고 멘탈이 무너집니다.

항상 원칙과 시나리오 매매를 강조하는 이유는 약세장, 하락장, 급락장의 무서움을 경험했기 때문입니다.

기관, 외국인, 슈개, 큰손(전문 투자자)들 대부분이 자체적으로 개발해서 로직화된 프로그램(알고리즘)으로 자동 매매를 하기 때문에 실수가 없지만, 상승장만 매매해본 개인 투자자는 언젠가 크게 실수할 수 있습니다.

참고로 주식 시장은 한 번 실수로 모든 것을 빼앗길 수 있는 곳입니다.

내사오팔 매매 방법은 급락장만 제외하고 하락장, 횡보장, 상승장에 유용한 매매 방법입니다.

대부분의 종목들은 한순간 폭등하고 폭락하기보다는 위아래 파도를 그리면서 움직입니다(순간 폭등하면 순간 폭락하는 경우가 일반적임).

파도타기의 방법은 다음과 같습니다.

1. 중장기 투자
2. 단기 투자
3. 스윙·단타 트레이딩

이 3가지 투자 기간에 따라 매매 방법을 달리해야 유리합니다.

내사(매수)는 일반적으로 꿀바닥, 꿀터치, 꿀상단의 3곳 자리에서 매수합니다.

오팔(매도) 자리는 일반적으로 꿀바닥에서 매수한 경우 꿀터치 1차 매도, 꿀상단에서 2차 매도합니다.

꿀터치에서 매수한 경우 꿀상단 1차 매도, 꿀키스(볼린저밴드 상단선에서 +10% 부근)에서 2차 매도합니다.

꿀상단에서 매수한 경우 꿀키스 1차 매도, 꿀상단 대비 +20% 부근에서 2차 매도합니다.

1차 매수 후 비중 확대는 계획된 매수일 경우 통상 중장기(1개월 이상) 투자일 경우 하락 시 -10% 부근에서 2차 매수를 합니다.

단기(1개월 이내) 투자일 경우 하락 시 -7% 부근에서 2차 매수합니다.

스윙·단타(1주일 이내) 트레이딩일 경우 하락 시 -4% 부근에서 2차 매수합니다. 추가로 매수하는 것이 유리합니다.

지난 번 교육에 이어서 하겠습니다.

1차 매수 후 비중 확대는 계획된 분할 매수(손실 시)와 불타기(이익 시) 2가지 시나리오 매매 방법이 있습니다.

1차 매수 후 비중 확대는 계획된 매수일 경우 통상 이렇습니다.

중장기(1개월 이상) 투자일 경우 하락 시 -10% 부근에서 2차 매수합니다.

단기(1개월 이내) 투자일 경우 하락 시 -7% 부근에서 2차 매수합니다.

스윙·단타(1주일 이내) 트레이딩일 경우 하락 시 -4% 부근에서 2차 추가 매수하는 것이 유리합니다.

이 내용은 앞서 이야기한 계획된 분할 매수(손실 시)입니다.

이번에는 불타기(이익 시)로 비중 확대하는 방법을 배워보겠습니다.

1차 매수 후 이익으로 불타기로 비중 확대할 경우에는 통상 이렇습니다.

중장기(1개월 이상) 투자일 경우 상승 시 +10% 부근에서 2차 매수합니다.

단기(1개월 이내) 투자일 경우 상승 시 +7% 부근에서 2차 매수합니다.

스윙·단타(1주일 이내) 트레이딩일 경우 상승 시 +4% 부근에서 2차 추가 매수하는 것이 유리합니다.

이후 내사오팔 방법은 이렇습니다. 먼저, 꿀매매 자리는 다음과 같습니다.

꿀바닥 → 볼린저밴드 하단선
꿀터치 → 볼린저밴드 중심선 및 20 이평선 부근
꿀상단 → 볼린저밴드 상단선
꿀키스 → 볼린저밴드 상단선에서 +10% 상승한 가격
슛팅 → 볼린저밴드 상단선에서 +20% 상승한 가격

오팔(오르면 팔자) 자리는
꿀바닥 매수 시 → 꿀터치 50% 매도 + 꿀상단 50% 매도
꿀터치 매수 시 → 꿀상단 50% 매도 + 꿀키스 50% 매도
꿀상단 매수 시 → 꿀키스 50% 매도 + 슛팅(꿀상단 대비 +20% 상승 시) 50% 매도

내사(내리면 사자) 자리는
중장기 → 익절하고 -10% 내려왔을 때
단기 → 익절하고 -7% 내려왔을 때
스윙·단타 → 익절하고 -4% 내려왔을 때
재매수하는 것이 유리합니다.

특히 내사오팔 전략은 중장기 종목으로 매매할 경우 수익을 낼 확률이 높습니다.

3. 내사오팔 시 주의할 점은 '절대 물타기는 하지 말라'입니다. 손절 가격이 오면 일단 매도부터 하시기 바랍니다.

참고로 물타기만 안 해도 주식 투자에서 성공합니다.

내사오팔 전략은 메이저들과 슈개, 큰손(전문 투자자)들의 매매 전략인데, 처음 접근하는 분들은 어렵게 느껴질 겁니다.

주식 투자는 단순하게 몰빵 매수하고 몰빵 매도하는 것보다 분할 매수하고 분할 매도하는 것이 수익률도 높고 리스크 관리도 용이합니다.

주식 트레이딩은 단순하게 매매해서는 적들을 이길 수 없습니다. 다소 번거롭고 귀찮더라도 여러 번 분할해서 매매하시기 바랍니다.

참고로 내사오팔의 핵심은 오팔(절반 매도)후 내사(재매수)할 때 1주라도 더 매수하는 것입니다.

예를 들면 10,000원에 100주 매수해서 12,000원에 50주를 매도하고 주가 하락으로 11,000원에 재매수할 경우 (50주×12,000=600,000원)에 재매수 수량은 (600,000원÷11,000) 54.5주가 됩니다. 대략 5주 정도 수량이 늘어나게 되는데, 내사오팔을 5회만 반복하면 125주가량 됩니다.

이렇게 매수와 매도를 반복해서 수량을 늘리는 전략이 내사오팔 전략입니다.

참고로 기관 전문 투자자들이 가장 많이 활용하는 매매 방법입니다. 꼭 숙지하시기 바랍니다.

기술적 지표 5가지 활용 방법 배우기

▌이동평균선

오늘은 모멘텀 투자의 기술적 지표 5가지 활용 방법을 살펴보겠습니다.

1. 이동평균선은 1960년대 그랜빌이 시초입니다.

매일 주식의 종가를 기준으로 산출한 이동평균값을 도표에 옮겨놓은 연장선을 이동평균선이라고 합니다.

이동평균선

주식 시세의 예측 지표 중 하나로 주가나 매매 대금, 매매량 따위의 과거 평균 수준과 현재를 비교해서 장래의 움직임 예측에 활용하는 것이 목적이다. 과거 100일간의 주가 종가를 합계, 100으로 나눈 것을 그래프로 이어서 이동평균선을 만들고 이것과 매일의 주가와의 괴리 상태를 비교함으로써 매일의 주가가 이동평균선보다 위쪽인지 아래쪽인지에 따라 사고파는 신호로 해석한다. 기간에 따라 5, 10, 25, 75, 100, 150, 200일 등의 이동평균선이 있고, 약 25일까지를 단기선, 약 100일까지를 중기선, 그 이상을 장기선이라고 한다. 매일 새로운 수치를 더하면서 가장 오래된 날의 몫을 제외해서 평균치를 산정한다.

출처 : 네이버 지식백과 참조

이동평균선은 거래 금액, 매매 대금, 주가 등의 현상을 선으로 나타낸 지표이다. 일반적으로 장기 투자 시 120 또는 200(240) 이동평균선, 중기 투자 시 60일 이동평균선, 단기 투자 시 5 또는 20 이동평균선을 활용한다.

2020년 8월 25일 톱텍(108230)의 일봉을 예를 들어 살펴보자.

각 이동평균선 위에서 주가가 움직일 경우 강세가 이어질 것으로 판단하며 이동평균선 아래에서 움직이면 약세 또는 횡보 흐름이 이어질 것으로 판단합니다.

키포인트는 5, 20, 60, 120, 200 이평선이 모이게 되면 의미 있는 변곡점 자리로 급반등이 나올 것으로 예상합니다. 통상 5, 20, 60 이평선을 활용합니다.

앞서 차트 톱텍은 앞의 빨간 원 부근처럼 이평선들이 모이고, 저항선을 돌파할 경우 급반등이 가능할 것으로 판단해서 매수합니다.

일단 뒤의 빨간 원을 보면 모든 이평선들이 모이고 있어 매수 자리입니다.

톱텍은 금요일, 어제 200 이평선 부근에서 급반등이 가능하다고 했는데 오늘 급등했습니다.

신규 매수 시 활용법은 이동평균선 맨 아래 부근에 매수해서 맨 위 이동평균선 부근에서 익절, 이동평균선 이탈 시 손절하는 방법이 유리합니다.

비중 확대 시 활용법은 이동평균선 맨 위 돌파 때 추가 매수하는 방법이 유리합니다.

중요한 점은 펀더멘털(기업 내용과 실적)이 양호해야 매수하며 테크니컬(차트·기술적 지표)은 단지 매매 자리를 판단할 때 활용한다는 점입니다.

또한 장기(6개월 이상 투자), 중기(6개월 이내 투자), 단기(1개월 이내 투자), 스윙·단타(1주일 이내 트레이딩) 각 매매 기간에 따라 투자 전략과 방법을 달리하고, 목표가와 손절가도 차이가 있습니다.

톱텍은 펀더멘털이 양호해서 중장기 투자도 가능하지만 아직 모든 이평선들이 모이지 않았고, 상단을 돌파하지 못했기 때문에 짧게 치고 빠지는 스윙·단타 매매가 유리합니다.

▎거래량

주식의 장세를 판단하는 중요한 지표이다.

주식 거래량과 거래 대금

주식 유통 시장에서 매매된 주식의 수량을 나타낸 것이 거래량이고, 이것을 금액으로 나타낸 것이 거래 대금이다. 거래량과 거래 대금은 주식 시장의 장세를 나타내는 지표로, 주가지수와 함께 주식 시장의 경기를 판단하는 중요한 자료로 활용된다. 실제 주식의 거래량과 주가는 서로 밀접한 관계를 갖고 움직이는데, 주가 상승 시점에 계속해서 주가가 오를 것이라고 예상하는 매수 세력과 이를 기다리던 매도 세력이 서로 집중함으로써 거래량은 증가한다. 반면 주가 하락 시에는 반대로 거래량이 감소하는 추세를 보인다.

출처 : 네이버 지식백과 참조

거래량은 주식 시장에서 주식이 거래된 양을 말하는데, 투자 적용 시에는 일반적인 설명들과 다르게 활용합니다.

일반적으로는 거래량 감소 상태에서 점진적으로 증가하는 추세를 보이면 주가 상승을 예상하고, 거래량 증가 상태에서 점진적으로 감소하는 추세를 보이면 주가 하락을 예상한다고 설명합니다.

그러나 실전에서는 주가가 상승해서 고점 부근에 가까워지면 가까워질수록 주가의 상승에도 불구하고 거래량은 감소하는 경향이 있는데, 이는 추세 변곡점을 예고합니다. 과열권으로 조만간 하락이 예상된다고 판단해서 분할 매도합니다.

반대로 주가가 하락해서 저점 부근에 가까워지면 가까워질수록 주가 하락에도 불구하고 거래량이 감소하는 경향이 있는데, 이때 역시 추세 반등을 예고합니다. 과매도권으로 조만간 상승할 것으로 판단해서 분할 매수합니다.

주식 매매 시 거래량이 감소하면 추세 반전 자리입니다. 대부분 변곡점 자리로 분할 매매로 대응해야 유리합니다.

바닥에서 거래량이 줄어들면 마지막 투매가 나오고 급등하는 경향이 있으며, 꼭지에서 거래량이 감소하면 마지막 상승이 나오고 급락하는 경향이 있습니다.

특히, 바닥에서 거래량이 장기간 감소하면 조만간 급반등이 나오는 경향이 많습니다.

이럴 때는 주식을 한 번에 매수하지 말고 1~2주간 기간을 두고 매일 조금씩 매수하는 것이 유리합니다.

참고로 거래량 활용은 꼭지를 판단하는 것보다 바닥을 판단할 때 유용합니다.

▌볼린저밴드

1980년대 초반 존 볼린저(Bollinger, J.)가 개발한 지표이다.

볼린저밴드

주가의 변동에 따라 상하밴드의 폭이 같이 움직이게 해서 주가의 움직임을 밴드 내에서 판단하고자 고안된 주가지표를 말한다. 볼린저밴드는 기존 지표들이 적절한 매매 시기를 알려주지 못한다는 단점을 보완하기 위해 가격 변동띠를 탄력적으로 변화시켜 만든 지표이다. 볼린저밴드는 주가가 상한선과 하한선을 경계로 등락을 거듭하는 경향이 있다는 것을 기본 전제로 한다. 이 지표는 대부분의 유가증권 가격의 움직임을 포착할 수 있도록 설계된 중간의 이동평균선과 상단밴드 그리고 하단밴드 등 세 개의 밴드로 구성되어 있다. 이동평균선을 추세 중심선으로 사용하며 상하한 변동 폭은 추세 중심선의 표준편차로 계산한다. 표준편차는 일정 기간의 가격에 대한 변동성 측정치이므로 가격 변동이 심할 때에는 변동 폭이 좁아지는 자기조정 기능을 발휘한다.

가격 변동띠의 폭이 이전보다 상대적으로 크거나 큰 상태에서 줄어들 경우에는 볼린저 밴드를 과매도·과매수의 지표로 이용할 수 있다. 유가증권은 일정 기간 과매수·과매도 상태가 될 수 있어 상대적으로 가격이 높거나 낮은지의 여부를 알면 다른 지표의 해석능력을 높여줘 거래 타이밍 문제 해결에 도움이 될 수 있다. 또 주가의 상대적인 가격 수준과 변동성의 확인 외에도 가격 움직임이나 기타 지표들과 결합해 시그널을 만들고 움직임을 예측하는 데 도움을 준다.

출처 : 네이버 지식백과 참조

에스멕 2020년 8월 27일 일봉 차트 현황

볼린저밴드는 주가의 변동이 표준 정규분포 함수에 따른다고 가정하고 주가를 따라 위아래로 같은 폭의 밴드를 만들어 그 밴드를 기준선으로 매매 판단을 하기 위해 고안된 지표입니다.

일반적으로 볼린저밴드 중심인 20 이동평균선을 중심선으로 하고, 표준편차×2를 더한 부근을 상한선, 표준편차×2를 뺀 부근을 하한선으로 합니다.

앞서 차트에서 살펴보면 다음과 같습니다.
빨간 원 1번 파란색 줄 → 하한선
빨간 원 2번 노란색 줄 → 중심선
빨간 원 3번 빨간색 줄 → 상한선

이론상 활용법은 상한선 돌파 시 급등 가능하다고 예상해서 추격 매수하거나 비중 확대하는 전략을 사용하며(비중 확대, 추격 매수), 하한선 하향 이탈 시 급락 가능하다고 예상해서 손절하거나 공매도하는 전략을 사용합니다(손절매, 공매도).

메이저들은 하한선 이탈 시 급락을 예상하고 공매도·대차매도 전략을 구사한다.

실제 활용법을 살펴보겠습니다.

1번(꿀바닥) 볼린저밴드 하한선 이탈 시 마지막 손절 물량이 쏟아진 후 급반등이 나오는 경우가 많기 때문에 장기 종목 분할 매수 자리로 활용합니다.

2번(꿀터치) 볼린저밴드 중심선 돌파 시 하락에서 상승으로 추세 전환되는 변곡점 자리로 판단해서 장기 분할 매수의 비중 확대(불타기) 자리나 신규 매수 자리로 활용합니다(꿀바닥에서 신규 매수한 경우 비중 확대 자리).

참고로 메이저(기관과 외인) 또는 슈개와 큰손(전문 투자자)들은 상승 추세 전환을 확인하는 자리로 2번(꿀터치) 부근을 신규 매수 자리로 많이 활용합니다.

특히 바닥에서 급등할 때보다, 급등해서 3번 볼린저밴드 상한선(꿀상단)을 맞고 내려와 2번 볼린저밴드 중심선(꿀터치) 부근에 도달할 때를 매수 적기로 봅니다.

3번 볼린저밴드 상한선(꿀상단) 부근에서 대부분의 개인 투자자 및 바닥 매수자들이 익절하기 때문에 4번처럼 조정과 횡보 흐름을 보이고, 3번이 재돌파될 경우 5번 빨간 네모처럼 급등하는 경향이 있습니다.

3번 상한선(상단선) 돌파 시 빨간 네모 5번처럼 급등하는 경향이 많다.

일반적으로 꿀상단에서는 세력들과 주포들이 개인 매물을 소진시키려고 하락(개미털기)을 유도하는 경향이 있습니다. 그래서 볼린저밴드 상한선을 돌파하면(개인 투자자 물량이 털리면) 매물이 없다 보니 폭발적으로 급등하는 모습을 많이 볼 수 있습니다.

외국인과 기관들도 3번 꿀상단 돌파 시 추격 매수를 선호합니다. 통상 꿀상단 돌파는 상승 추세로 완전하게 방향이 전환되는 자리로 활용합니다.

그러나 3번 꿀상단 자리에서 개인 투자자들이 신용·미수로 상따(상한가 따라잡기)를 하면 차익매물을 한 번에 던지기 때문에 조심해야 합니다. 가급적 매수는 2번과 4번 꿀터치 자리가 좋습니다.

꿀터치 매수 → 꿀상단 전량 매도
꿀터치 매수 → 꿀상단 50% 매도 →
급등 시 나머지 매도
꿀터치 매수 → 꿀상단 50% 매도 →
하락 시 꿀터치 재매수

꿀터치 매수 → 꿀상단 비중 확대 →
급등 시 전량 매도(익절)
꿀터치 매수 → 꿀상단 비중 확대 →
하락 시 전량 매도(본전 매도)

이 같은 5가지 전략이 유용한 매매 방법입니다.

앞 차트 빨간 네모(4번)에서 분할 매집하는 전략이 가장 유리하다.

▌상대적 강도지표(RSI)

상대적 강도지표

미래 주가의 강세 및 약세를 전일 대비(혹은 전주 대비)의 주가 변화의 비율로 예측하려고 하는 지표이다. RSI는 과거 일정 기간의 가격 상승폭의 합계(분자)에 대한 같은 기간 내의 가격 상승폭과 가격 하락폭의 절대치 합계(분모)의 백분비로 구해진다. 경험적으로 80% 이상은 천정으로 매도 영역, 25% 이하는 바닥권으로 매입 영역을 나타낸다. 투자 심리선이 전일 비 근소한 상승 혹은 대폭적인 상승의 어느 것이나 같은 1승으로 취급한 것에 반해서 RSI는 상승폭, 하락폭의 정도에 의해서 계산치에 비중을 부가한 점이 다르다. 따라서 RSI는 투자 심리선을 발전시킨 지표라고 할 수 있다.

출처 : 네이버 지식백과 참조

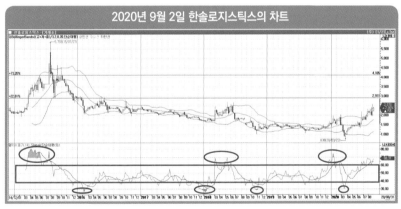

출처 : 유안타증권 티레이더

RSI는 1~100 구간 내 움직임을 살펴서 매매하는데, 실거래 시 활용법을 살펴보면 일반적으로 30 이하 바닥에서 장기간 횡보하고 40을 돌파한 시점에 추가 상승세가 이어질 것으로 예상하고 매수한다. 반대로 70 이상 꼭지에서 횡보 움직임을 보이고 60선을 이탈할 때 추가 하락세가 이어질 것으로 예상하고 매도한다.

한솔로지스틱스는 꿀상단 부근에서 추가 급등이 가능한 자리이나 차익 매물 출회도 가능한 자리라서 일단 익절했는데, RSI(상대적 강도지표) 40선 아래에서는 장기간 횡보할 수 있어 50선을 상향 돌파할 때 진입(매수)하는 것이 경험상 유리합니다.

70선을 돌파했을 때 분할 매도로 접근하고, 80선을 돌파하면 과열권에 임박한 것으로 판단해서 전량 익절합니다.

이 한솔로지스틱스는 아직 RSI(상대적 강도지표)를 적용하면 과열권까지는 추가 상승 여력이 있지만, 기술적 지표들은 후행성이고 실패형(오르다 내리는)이 많아 익절했습니다.

특히 원칙상 스윙·단타는 투자 기간 1주일 이내로 매매하는데, 급반등 자리에서 바로 급등이 안 나올 경우 손절 물량이 나올 수 있어 조정 또는 횡보 기간이 길어질 수 있습니다.

이런 상황에서는 일단 50% 정도 익절해놓고 추세를 살피는 것이 유리합니다. 참고로 현재 개인 투자자들의 신용·미수가 많이 들어오고 있어 익절했습니다.

기술적 지표들은 맹신하면 크게 실수할 수 있습니다. 종목 선정은 가급적 기업 내용과 실적등 정성 요인과 정량 요인을 살펴서 매매하고, 차트와 기술적 지표는 과매수·과매도를 판단하는 보조지표로 활용하시기 바랍니다.

▌스토캐스틱

스토캐스틱(Stochastic)

현 주가 수준이 일정 기간 동안 변동했던 범위 내에서 상대적으로 어느 수준에 위치해 있는가를 가지고 판단하는 지표이다. 즉, %K값이 100일 경우, 당일 종가가 5일 동안 형성된 시장 가격 중 최고 수준임을 의미하며, %K값이 0일 경우 당일 종가가 5일 동안 형성된 시장 가격 중 최저 가격을 의미한다. 이 지표의 활용 방법은 %K지표가 80% 이상에서 %D를 뚫고 하락할 때 매도 시점을 파악하고, %K지표가 20% 이하에서 %D를 뚫고 상승할 때 매수 시점을 파악하면 된다. 이 지표는 단기 매매 지표로 이용된다.

%K = (주가 - 5일간 최저가)÷(5일간 최고가 - 5일간 최저가)

※ %D : %K를 3일 동안 이동평균한 지표

출처 : 네이버 지식백과 참조

스토캐스틱은 주가 수준이 일정 기간 동안의 가격 변동 속에서 어느 정도의 수준에 있는지를 백분율로 나타낸 지표를 말한다. 일반적으로 1~100까지 구간을 참고해서 매매하는데 장기간 바닥에서 횡보 또는 하락 후 반등 시 대략 30~50 부근에서는 매수, 60~80 부근에서는 매도로 판단하는 지표로 활용한다.

이 차트는 2020년 9월 9일 뉴인텍 주봉이다. 스토캐스틱으로 살펴보면 하단 빨간색 네모 부근 스토캐스틱 30 이하 매수, 상단 파란색 네모 부근 스토캐스틱 60 이상 매도로 진행한다. 그러나 바닥과 꼭지에서 매매하는 것보다 중간 부근에서 매매하는 것이 유리한데, 그 이유는 바닥에서 장기(6개월 이상) 횡보하는 경우가 많고, 꼭지에서는 급등 후 바로(1개월 이내) 하락하는 경우가 많기 때문이다.

가장 유리한 매수 타이밍은 바닥을 다지고 30선을 돌파할 때이며 가장 유리한 매도 타이밍은 60선을 돌파했을 때이다. 매매는 한 번에 하는 것보다 분할해서 하는 것이 유리하며 특히 80선을 돌파한 경우 과열권에 진입한 것으로 판단해 신고가에 전량 분할 매도한다.

참고로 기술적 지표들은 매매 타이밍을 잡을 때 바닥과 고점을 파악하는 용도로만 활용해야 한다. 기술적 지표들은 후행성이라 휩소(거짓, 속임수)가 많기 때문이다.

매매 종목은 가급적 기업 내용, 실적 등을 살피고 정성 요인과 정량 요인을 분석해서 선택하며 차트와 기술적 지표는 사전 매매 시나리오로 타이밍을 잡을 때 활용하는 것이 훌륭한 주식 투자 방법이다.

가치 투자와 모멘텀 투자 이해하기

▍ 가치 투자

가치 투자는 일반적으로 절대적 평가법과 상대적 평가법으로 종목을 발굴하고 투자하는데, 기업의 가치를 구성하는 요소로 순자산가치, 성장가치, 수익가치, 기타 무형의 가치 등을 분석해서 기업의 주가와 기업 가치와의 괴리율이 현저하게 차이가 있을 경우 장기적으로 제자리를 찾아간다고 보고 투자하는 것이 핵심입니다.

가치 투자는 일반적으로 순자산가치에 중점을 두고 투자하는 자산가치형 투자, 성장가치에 중점을 두고 투자하는 성장가치형 투자로 나눠집니다.

주가와 자산가치의 괴리율이 크면 클수록 안전마진이 커지기 때문에 수익을 낼 확률도 클 것으로 예상합니다.

회사 지분의 일부를 사서 회사를 소유한다는 생각으로 투자하기 때문에 비교적 장기 투자를 선호하는 투자자들이 많이 활용합니다.

기업의 가치와 적정 주가를 산출하는 방법으로 절대적 평가법과 상대적 평가법이 있습니다.

절대적 평가법

• 내재가치 계산법 : 기업이 실제로 얼마의 가치를 갖고 있는지를

파악하는 방법이다(일반적으로 손익계산서, 대차대조표, 현금흐름표 등 재무제표를 활용한 분석법).

- 현금흐름 할인법 : 해당 기업(비즈니스)이 향후에 벌어들일 수 있는 현금을 현재가치로 할인한 값을 활용하는 방법이다.

상대적 평가법

가치 투자 교육을 하다 말았는데 이어서 조금 하겠습니다.

사실 우리 증시는 개인 투자자들의 신용·미수를 이용한 단타 매매와 메이저들의 시장조성자제도·공매도 등 불리한 조건이 많아 가치 투자만으로 매매하기가 어렵습니다. 또한 메이저들의 프로그램(알고리즘)을 활용한 초단타·자동 매매로 변동성이 큰 롤러코스터 장세가 연출됩니다.

특히 우리 증시는 기관, 외국인 투자자들에게 유리한 구조이며, 대주주들의 주식 대여, 메자닌 발행, 주식 매도 등 횡포(?)가 매우 심합니다.

그래서 가치 투자는 기본 내용으로 꼭 숙지해야 하며 모멘텀 투자도 함께 연구해서 매매에 활용하셔야 합니다.

먼저 가치 투자 기본지표들을 살펴보겠습니다.

1. 주가 수익 비율(PER, Price-Earning Ratio) = 주식 가격 ÷ 주당 이익 × 100

PER이 높다는 것은 주당 이익에 비해 주식 가격이 높다는 것을 의미합니다. PER이 낮은 종목일수록 향후 크게 주식 가격이 상승할 가능성이 있습니다.

그렇다고 무조건 PER이 낮은 종목을 매수해야 하는 것이 아니라 동일 산업과 동일 업종의 종목들과 비교해서 저평가된 종목을 찾아 매수해야 유리합니다.

예를 들면 우리가 13,000원 부근에 매수해서 25,000원에 매도한 KG케미칼은 저 PER 종목이었습니다.

KOSPI PER 평균이 19.82, 동종업체 화학주 PER 평균이 39.30, KG케미칼 1.59입니다(2019년 기준).

2. 총자산 순이익율(ROA, Return On Assets) = 당기 순이익 ÷ 총자산 × 100

기업의 총자산으로 당기 순이익을 얼마나 올렸는지를 가늠할 수 있는 지표로 ROA가 높을수록 주가가 상승할 가능성이 높다고 봅니다.

3. 자기자본 이익률(ROE, Return On Equity) = 순이익 ÷ 자기자본 × 100

ROE는 경영자가 주주의 자본을 사용해 어느 정도의 이익을 올리고 있는가를 나타내는 것으로 주주 지분에 대한 운용 효율을 나타내는 지표입니다.

ROE가 높은 기업은 자본을 효율적으로 사용해서 이익을 많이 내는 기업으로 주가도 높게 형성되는 경향이 있습니다.

ROE가 높은데 주가가 낮은 종목은 향후 주가가 상승할 것으로 예상하고 매수하는 것이 유리한데, 통상 이때 매수 판단 지표로 활용합니다.

4. 주당 순이익(EPS, Earning Per Share) = 당기 순이익÷주식 수×100

기업이 벌어들인 당기 순이익을 그 기업이 발행한 주식 수로 나눈 값을 말합니다.

EPS가 높으면 경영 실적이 양호하며 기업의 투자 가치가 높다는 것을 의미합니다. 역시 EPS가 높은데 주가가 낮으면 조만간 상승이 예상된다고 판단합니다

5. 주당순자산(BPS, Book-value Per Share) = 순자산÷발행 주식 수×100

BPS가 높다는 것은 자기자본의 비중이 크고 실제 투자 가치가 높다는 것을 의미하며, BPS가 높을수록 수익성 및 재무 건전성이 높아 투자 가치가 높은 기업이라 할 수 있습니다.

BPS보다 주가가 현저하게 낮은 경우(대략 50% 미만) 국내외 이슈, 정부 정책과 연관될 경우 또는 양호한 기업 실적을 발표하는 경우 급등하는 경향이 있습니다.

BPS보다 주가가 낮은 경우 시간이 필요할 뿐 수년 내에 그 가격까지 반등하는 경우가 많습니다. 특히 전체 지수가 급등해서 강세장을 연출할 때 급등하는 경향이 있습니다.

참고로 BPS보다 주가가 낮은 종목은 여유 자금으로 장기 투자하기 좋은 종목입니다.

6. 주가 순자산 비율(PBR, Price on Book-value Ratio) = 주가÷주당 순자산×100

주가를 BPS(주당 순자산)로 나눈 비율로 주가와 1주당 순자산을 비교한 수치입니다.

장부상의 가치로 회사 청산 시 주주가 배당을 받을 수 있는 자산의 가치를 의미합니다.

PBR이 낮으면 낮을수록 해당 기업의 자산가치가 증시에서 저평가되어 있어 매수가 유리하나. 관련 산업과 업종에 따라 사양산업인 경우 장기간 박스권을 횡보하는 경향이 있습니다.

산업과 업종의 성장 지속 여부와 신규 사업 추진 등을 고려해서 저평가 종목을 찾는 것이 중요합니다.

가치 투자 시 절대적 평가법과 상대적 평가법으로 좋은 기업을 선별하는데, 우리나라는 대주주의 횡포(세금 회피를 위한 주가 하락 유도, 주가 방치, 무배당정책)도 심하기 때문에 중견 양아치 기업들은 투자 시 주의해야 합니다.

오를 만하면 외국계 창구를 통해 매물이 출회되는데, 일부 검은 머리 외국인이 대주주인 경우도 있습니다.

어제 오늘 가치 투자 내용을 살펴봤는데 종목 선택 시 가치 투자 지표를 무조건 맹신하는 것은 금물입니다. 일부 기업의 경우 분식(거짓 회계)이 심하기 때문에 투자 시 유의가 필요합니다(특히 중소기업 회계자료들은 맹신 금물).

모멘텀 투자

모멘텀은 물질의 운동량이나 가속도를 의미하는 물리학적 용어인데, 주식 투자에서는 흔히 주가 추세의 가속도를 측정하는 지표로 활용합니다.

주가가 상승세를 타고 있을 때 얼마나 더 탄력을 받고 상승할 것인지 주가가 하락하고 있을 때 얼마나 더 떨어지게 되는지 예측할 때 활용합니다.

특히 개별 종목의 주가 추세 변화에 영향을 미치는 계기를 포착해서 매매에 적용합니다.

모멘텀 투자란 장세가 상승세냐 하락세냐 하는 시장 심리 및 분위기 변화를 차트와 기술적 지표를 활용해서 추격 매매하는 투자 방식을 말합니다.

기관 또는 외국인 투자자들이 많이 활용하는 방법으로 시장 분위기에 따라 '집중 매도' 또는 '집중 매수' 하는 방법이 있습니다.

이미 상승세를 보인 주식이 더 상승할 것으로 예상하고 추격매수 또는 불타기(이익 시 비중 확대)하거나, 반대로 하락세를 보인 주식이 더 하락할 것으로 예상하고 공매도하는 방법을 말합니다.

주가의 추세를 전환시키는 재료, 해당 종목의 주가가 변할 수 있는 근거를 흔히 모멘텀이라 하고, 기업의 펀드멘털보다 '투자자들의 투자 심리'에 의해 주가가 결정된다고 생각하고 투자하는 특징이 있습니다.

신용·미수 등 투기적인 매매를 많이 하는 우리 증시에서 가치 투자보다 모멘텀 투자가 잘 맞는 경향이 있습니다.

특히 국내외 이슈 관련 테마주는 기업 내용과 실적보다 테마에 따른 기대감으로 차트와 기술적 지표를 참고해서 매매하는 경향이 있습니다.

개별 기업의 실적이나 역량을 바탕으로 투자하는 가치 투자와 대비되며, 대내외 이슈에 따라 주가가 상승하는 종목은 무조건 매수하는 반면 재료 소멸 시 무조건 매도하는 경향이 있습니다.

테마주들은 장중 변동성이 큰 롤러코스터 움직임을 보이는 경우가 많습니다.

기업의 본질가치보다는 대내외 요인(국내외 경제 이슈, 정부 정책, 사회 이슈, 뉴스 톱픽 내용)이 주가 흐름에 영향을 미친다고 보며, 차트의 패턴이나 기술적 지표의 위치에 따라 추세 전환과 추세 지속을 판단하는 경향이 큽니다.

다음에는 기술적 지표를 활용한 모멘텀 투자 5가지 매매 방법을 살펴보겠습니다.

항상 말씀드리지만 투자 종목은 가치 투자를 기본으로 정성 요인과 정량 요인을 살펴서 선택하고, 모멘텀 투자 시 활용하는 기술적 지표들은 가급적 매매 타이밍을 잡을 때 활용하시기 바랍니다.

시간 외 상한가 종목 거래 방법 배우기

퀴즈 하나 내겠습니다!

이 뉴스를 보고 생각나는 기업 있으신가요? 홍 전 의원이 피소된 뉴스가 나왔는데, 이런 뉴스에 수혜가 될 종목은 뭘까요?

정답은 오○○ 전 시장, 홍XX 전 대표, 김△△의원 관련주입니다.

야당의 유력한 대선 후보 하나가 날아갔습니다. 시간 외 상승 종목들 살펴보니 남은 잠룡(?)들과 정치 테마로 엮인 종목들이 급등하네요.

그런데 말입니다?(김상중 버전)

요즘 시간 외 상한가 종목 관련해서 꾼(?)들이 다음과 같은 패턴의 특징을 보입니다.

시간 외 상한가→많은 업체(?)들이 상한가 종목 문자 발송(내일 날아갑니다. 급등 임박, 무조건 매수하세요 등등)→다음 날 급등 출발→개인 투자자 매수 → 꾼들 물량 청산→차익 매물 출회 급락→개인 물타기 또는 존버

세상에 공짜는 없습니다. 절대 꾼들의 문자는 조심하시기 바랍니다.

시간 외 상한가 종목들의 패턴을 이용한 매매 방법은 다음과 같습니다.

1. 급등 출발 시(+10% 이상) → 매수하지 않는다.

2. 강세 출발 시(+5% 이내) → +5~1% 깔매(아래 호가에 깔아 놓고 매수)로 분할 매수한다.

3. 연관된 종목(동일 테마 또는 차기 종목)을 +3~1%에서 분할 매수한다.

4. 급등 후 시초가 이하 또는 보합까지 하락할 때 분할 매수한다.

5. 매매하지 않는다.

이 5가지 매매 방법이 있는데, 경험상 2, 3, 4번이 리스크가 적었습니다. 특히 4번은 리스크도 적고, 수익이 가장 큰 모습을 보였습니다. 참고하시기 바랍니다.

1. iMBC DRB동일 바디텍메드 이연제약 ➡ 진양화학 2020.09.02(수) 시간 외 상한가 마감

(1) iMBC(052220) ➡ MBC의 방송콘텐츠 온라인 유통업체, K-OTT 활성화법 입법 예고 기대감

(2) DRB동일(004840) ➡ 고무제품 종합메이커, 김세연 정치테마 관련 기대감

(3) 바디텍메드(206640) ➡ 체외진단제품의 생산 및 판매업체, 유럽향 진단키트 수출증가 기대감

(4) 이연제약(102460) ➡ 전문의약품/원료의약품 제조업체, 코로나19 치료제 원료 공급 기대감

2020년 9월 3일 시간 외 증시 상한가 마감 종목 현황(iMBC, DRB 동일, 바디텍메드, 이연제약)

일반적으로 정치 테마주는 대표주가 상승하면 함께 상승하는 경향이 있으며 오세훈 관련 테마주로 진양화학, 진양산업, 진양폴리, 진흥기업이 있다.

종목명	현재가	대비	등락률	거래량
K iMBC	2,840	180	+6.77%	12,887,837
DRB동일	7,680	-1,110	-12.63%	6,314,698
K 바디텍메드	29,750	1,400	+4.94%	6,845,517
이연제약	24,750	2,400	+10.74%	5,414,732
진양화학	3,860	70	+1.85%	6,236,460

2020년 9월 4일 전일 시간 외 상한가 종목 마감 현황

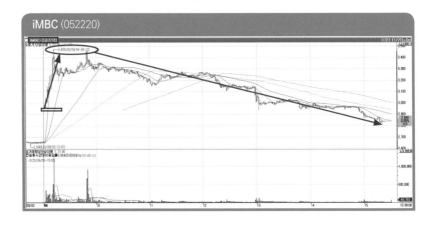

시가 2,950원(+10.90%), 고가 3,455원(+29.89%, 09:11)

저가 2,820원(+6.02%, 15:18), 종가 2,840원(+6.77%)

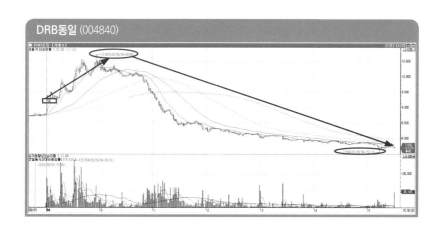

시가 9,370원(+6.60%), 고가 10,650원(+21.16%, 09:55)

저가 7,650원(-12.97%, 15:12), 종가 7,680원(-12.63%)

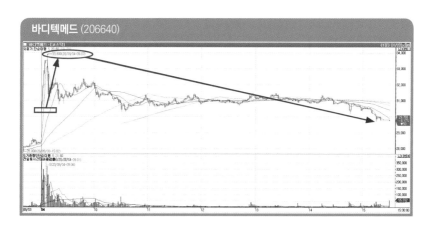

시가 30,500원(+7.58%,) 고가 33,800원(+19.22%, 09:06)

저가 29,700원(+4.76%, 15:14), 종가 29,750원(+4.94%)

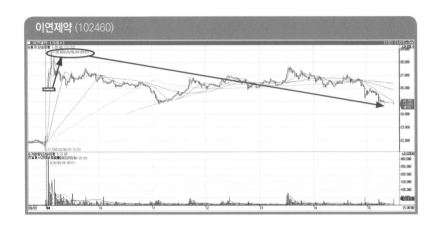

시가 26,050원(+16.55%), 고가 28,650원(+28.19%, 09：06)

저가 24,750원(+10.74%, 11：07), 종가 24,750원(+10.74%)

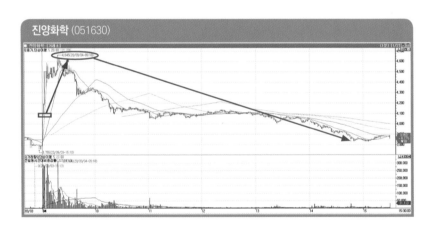

시가 4,100원(+8.18%), 고가 4,645원(+22.56%, 09：17)

저가 3,825원(+0.92%, 14：45), 종가 3,960원(+1.85%)

앞서 전일 시간 외 상한가 5종목 모두 시초가 상승 출발 후 10시 이전에 급등하는 모습을 보였고, 10시 부근 고점을 형성하고 종가 부근에 최저가 마감하는 모습을 보였습니다.

특히 시초가 +10% 미만에서 출발한 종목들은 바로 주가가 급등하는 모습을 보였는데, 오늘 상황을 분석해보니 (사실 과거 많은 종목을 분석하고 많은 시간을 연구) 시초가를 지켜보던 개인 투자자들이(특히 초보 투자자) 급등하는 종목을 보고 추격 매수한 것으로 추정되고, 오후 하락에 손실을 보고 손절하거나 물려서 홀딩한 것 같습니다. 세력들이 상따(상한가 따라잡기)족 개인 투자자들에게 물량을 던진 것으로 추정됩니다.

가급적 초보 투자자들은 상따 매매는 안 하는 것이 계좌와 정신 건강에 유리한데, 교육 차원에 효과적인 매매 방법을 말씀드리겠습니다.

효과적인 매매 방법은 '단타 또는 초단타로 매매한다'입니다.

1. 시초가 +10% 미만에서 출발할 경우 시가부터 ~ +5%까지 아래로 쭈욱 깔아놓고 분할 매수합니다.

2. 시초가 +10% 이상 출발할 경우는 가급적 매수하지 않고 눌림이 나올 때까지 기다립니다.

시초가 급등 출발하는 종목들은 대부분 개인 신용·미수로 매수가 들어옵니다. 일반적으로 10시 이전에 고점을 형성하고 급락이 나오는 경향이 있는데, 신용·미수로 매수한 개인 투자자들이 손절하면 다시 올라가는 패턴을 보입니다. 일명 개미털기입니다.

매수가 체결되자마자 평단 +5% 이상 분할 매도를 넣어놓고 만약 매수 평단 대비 −3% 가까이 하락하면 손절하는 것이 추가 하락에 따른 손실을 줄일 수 있습니다. 단타·초단타 매매는 꼭 손절가를 지켜야 생존할 수 있습니다.

이 내용은 개인적 경험을 통한 매매 방법으로 무조건 따라 하기보다는 자신의 매매 전략과 투자 원칙 정립에 참고 자료로 활용하시기 바랍니다. 위험하니 절대 주린이는 따라 하지 마세요.

글로벌 증시 급락 시 대응 방법 배우기

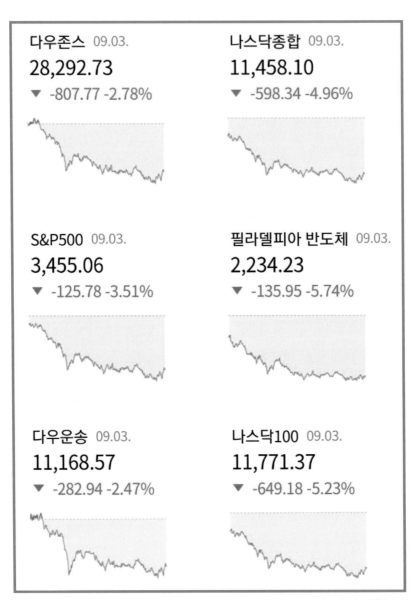

다우존스 09.03.
28,292.73
▼ -807.77 -2.78%

나스닥종합 09.03.
11,458.10
▼ -598.34 -4.96%

S&P500 09.03.
3,455.06
▼ -125.78 -3.51%

필라델피아 반도체 09.03.
2,234.23
▼ -135.95 -5.74%

다우운송 09.03.
11,168.57
▼ -282.94 -2.47%

나스닥100 09.03.
11,771.37
▼ -649.18 -5.23%

출처 : 네이버 뉴스

미 증시가 주말을 앞두고 하락폭이 커져 마감했습니다.

Month	Last	High	Low	Chg.
Sep 20	28,161.5	28,378.5	28,156.5	-195.5
Sep 20	3,432.12	3,462.50	3,431.62	-30.26
Sep 20	11,611.50	11,803.62	11,611.50	-190.12

이 실시간 시간 외 증시도 하락폭이 커지고 있는 상황이라 시초 매도세가 클 것으로 예상됩니다.

위는 코스닥, 아래는 거래소 주봉 차트입니다.

2주전 미 증시 급락으로 위의 차트 원 부근처럼 하락폭이 커졌던 상황을 오늘 또 다시 재연할 우려가 있습니다.

일반적으로 글로벌 증시 급락 시 투심이 위축되어 매수세가 없다 보니 갭하락 폭이 커져서 출발합니다.

대처 방법은 이렇습니다.

1. 급락 출발(지수 -3% 이상)→시초가 급락 후 기술적 반등에 비중 축소하는 것이 유리합니다.

기존 보유 물량→급락 후 기술적 반등에 매도하는 것이 유리한데, 일반적으로 전일 종가 대비 -3~-1% 분할 매도를 넣어놓고 매도합니다.

신규 매수→시초가 급락에 비중을 확대한 후 기술적 반등에 매도하는데, 가급적 당일 청산을 원칙으로 합니다. 통상 중소형주는 지수 하락 폭의 1~2배가량 하락 출발하는데, 시초가 반대 매매 또는 매수 잔량 부재에 따른 급락시 오히려 비중을 확대합니다(손절 가격에 충분한 여유가 있을 때).

2. 약세 또는 하락 출발 (-3~-1%)→시초가에 50% 매도가 유리합니다.

기존 보유 물량→일단 시초가 -3% 이내 출발 시 50% 매도 후 증시 상황을 보고 나머지 반등 시 분할 매도합니다.

신규 매수 → 가급적 매수는 종가에 분할 매수하는 것이 유리하나 장중 10~11시 하락폭이 커질 경우 1차 분할 매수 + 종가 2차 분할 매수가 유리합니다.

3. 약보합 이상 출발 (-1%이내)→시초가 전량 매도가 유리합니다.

기존 보유 물량→시초가 매도 후 관망하는 것이 유리합니다.

신규 매수→장 중 관망 후 종가 분할 매수가 유리합니다.

오늘은 2번 상황이 연출될 것으로 예상되는데, 주식 투자는 이익을 내는 것보다 손실을 안 보는 것이 중요합니다. 애매할 때는 매매를 자제하시기 바랍니다.

우리 증시는 지수가 하락하면 기업 내용이 양호한 종목들도 대부분 하락합니다. 대부분 여러 종목이 바스켓으로 묶여 있다 보니 기관과 외인의 프로그램 매도에 함께 급락하는 경향이 있습니다.

기업 내용이 양호하고 실적 있는 종목들은 무리하게 시초가 추격 매도하지 않았으면 합니다. 오히려 비중을 확대하는 것이 유리한데, 일단 장 초반 흐름을 살펴서 대응하겠습니다.

참고로 우리 포트 종목들은 기업 내용과 실적이 양호한 종목들이라 낙폭은 제한될 것으로 예상됩니다.

혹시 몰라 리스크 관리 차원에 일단 수익이 난 종목들은 시초가에 50% 정도 이익실현하겠습니다.

오늘은 리스크 관리에 집중하겠습니다.

주식 투자 시 메자닌 활용법 배우기

요즘은 투자할 종목을 선택할 때 필수적으로 체크할 부분이 메자닌 관련 사항이다. 메자닌을 이용해 대주주 또는 주포(세력)들이 장난질(작전)을 많이 하기 때문에 반드시 한번 살펴본다.

메자닌 정의

앞서 1장에서도 설명했지만, 메자닌은 건물 1층과 2층 사이에 있는 라운지 공간을 의미하는 이탈리아어로 일반적으로 채권과 주식의 중간 위험 단계에 있는 전환사채(CB), 신주인수권부사채(BW), 교환사채(EB)에 투자하는 것을 말한다.

▌메자닌의 장점 및 주의점

주가 상승장에는 주식으로 전환하거나 행사해 자본 이득을 취할 수 있다. 주가 하락장에는 채권이기 때문에 원금보장이 되는데다 사채 행사 가격 조정(리픽싱)에 따른 이득을 챙길 수 있다. 일반적으로 리픽싱은 최초 전환가 또는 행사가의 70%이나 간혹 액면가까지인 기업도 있다(리픽싱이 액면가인 경우 주가 하락을 주의해야 한다). 발행기업의 채무 불이행(디폴트) 가능성을 선별해 투자해야 한다(가급적 흑자 기업 매매가 유리).

> ### 리픽싱(Refixing)
> `요약` 주가가 낮아질 경우 전환가격이나 인수가격을 함께 낮추어 가격을 재조정할 수 있도록 하는 계약으로 가격 재조정을 뜻한다. 주가가 낮아질 경우 전환사채(CB)의 전환가격이나 신주인수권부사채(BW)의 인수 가격을 함께 낮춤으로써 가격을 재조정할 수 있도록 하는 계약을 말한다. 여기서 전환가격은 전환사채를 주식으로 바꿀 때의 가격을, 인수가격은 신주인수권부사채를 주식으로 바꿀 때의 가격을 가리킨다.
>
> 출처 : 네이버 지식백과 참조

▌전환사채(CB, Convertible Bond)

정의

일정한 조건에 따라 채권을 발행한 회사의 주식으로 전환할 수 있는 권리가 부여된 채권으로서 전환 전에는 사채로서의 확정 이자를 받을 수 있고 전환 후에는 주식으로서의 이익을 얻을 수 있는 사채와 주식의 중간 형태를 취한 채권을 말한다. 통상 주식으로의 전환은 사채 발행 후 3개월부터 가능하다.

장점 및 특징

주가 상승 시 → 주식으로 전환해 수익을 극대화할 수 있다.

주가 하락 시 → 채권으로 이자 수익만 취할 수 있는 장점이 있다.

- 이자율은 일반적으로 보통 회사채에 비해 낮은 편이다.
- 일정 기간 후 전환사채를 일정 가격에 팔 수 있는 풋옵션(Put Option)과 발행 회사가 전환사채를 되살 수 있는 콜옵션(Call Option)의 발행 조건이 붙기도 한다. 콜옵션은 만기 전에 발행자(기업)가 채권자에게 매수하는 것이며 풋옵션은 채권자가 만기 전에 메자닌을 발행자(기업)에게 조기상환하는 조건부 계약이다(일반적으로 콜옵션 행사 시 주가에 긍정적이며 풋옵션 행사 시 주가에 부정적으로 반영된다).
- 전환사채는 일반사채와 같이 이사회의 결의로 발행할 수 있다. 그러나 기존 주주를 보호하기 위해 전환사채 인수권을 주주에게 먼저 주고, 그렇지 않은 경우에 정관에 특별한 규정이 없으면 주주총회의 특별 결의를 거쳐 결정한다.
- 제3자 보증 여부에 따라 보증부 전환사채, 담보부 전환사채, 무보증 전환사채가 있다.
- 전환 정도에 따라 회사채 액면 금액의 전부를 주식으로 전환할 수 있는 전액 전환사채, 액면 금액의 일정 부분만 전환할 수 있는 부분 전환사채가 있다.

- 사모 전환사채(기업이 매입자를 개별적으로 접촉해 모집하는 전환사채) 와 공모 전환사채(불특정 다수에게 균등한 조건으로 발행하는 전환사 채)가 있다.
- 사모 전환사채 발행 시 증권관리위원회에 유가증권신고서를 낼 필요가 없으며 인수 주선기관도 필요하지 않다. 재벌 총수의 자 녀 등 특수 관계에 있는 인물에게 지분을 몰아줄 수 있어 재벌들 의 재산 증여와 경영권 방어 수단으로 자주 이용되고 있다. 삼성 이재용 부회장의 에버랜드 전환사채 사건이 가장 유명하다.

1996년 삼성 에버랜드가 전환사채를 낮은 가격에 주주 우선으 로 발행한 이후 기존 주주들이 인수를 포기해 결과적으로 이재용 부 회장에게 배당한 사건이다. 이는 삼성그룹 이건희 회장이 아들에 게 경영권을 인계하는 데 있어 중요한 역할을 했다. 1995년 이건 희 증여 60.8억 원(16억 원 증여세)→이재용 남매 45억 원으로 비상 장주 삼성에스원 23억 원에 매수, 삼성엔지니어링 19억 원 매수→ 1년 후 증시 상장 삼성에스원 375억 원에 매도, 삼성엔지니어링 230 억 원에 매도→에버랜드 전환사채 매입(시세 85,000원 짜리 7,700원× 1,254,000주 행사), 이건희·삼성전자·삼성물산·중앙일보 등 25명 전 환사채 포기→이재용, 이부진, 이서현 배분으로 3남매의 삼성그룹 지배력이 강화되었다. 45억 원으로 삼성그룹을 지배하고 있으며, 최 근에도 2015년 삼성물산과 제일모직의 합병, 삼성바이오로직스 회 계 변경 등으로 이 부회장의 경영권 승계 작업이 진행되고 있다.

▌신주인수권부사채(BW)

정의

사채권자에게 사채 발행 이후에 기채회사가 신주를 발행하는 경우 미리 약정된 가격에 따라 일정한 수의 신주 인수를 청구할 수 있는 권리가 부여된 사채를 말한다.

장점 및 특징

- 보통사채와 마찬가지로 일정한 이자를 받으면서 만기에 사채금액을 상환받을 수 있으며 동시에 자신에게 부여된 신주인수권을 가지고 주식 가격이 발행가액보다 높은 경우 회사 측에 신주의 발행을 청구할 수 있다.
- 사채에 의한 이자 소득과 주식에 의한 배당 소득, 주가 상승에 따른 이익을 동시에 얻을 수 있다.

▋ 메자닌을 확인하는 방법 - 실사례로 살펴보기

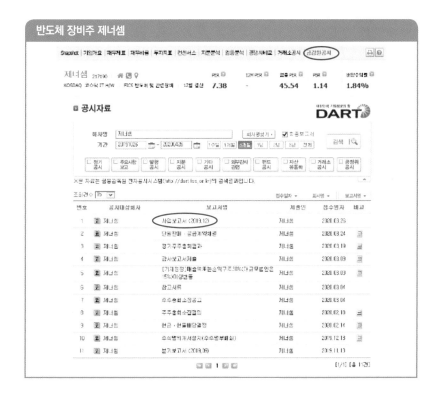

전자공시시스템인 DART에 들어가서 사업보고서 또는 분기보고
서를 확인해본다.

상장기업 분석 자료(DART) → 금감원 공시 → 사업보고서 또는
분기보고서

회사의 개요 부분 세 번째 자본금 변동 사항(빨간 원)을 들어가본다.

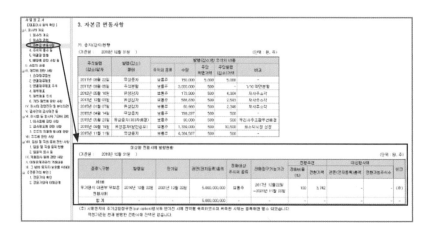

증자(감자) 현황을 살펴보면 채권·주식 발행에 관한 상세 내용이
나온다.

156

(기준일 : 2018년 12월 31일) (단위 : 원, 주)

종류\구분	발행일	만기일	금액(전자등록)총액	전환대상 주식의 종류	전환청구가능기간	전환조건 전환비율 (%)	전환가액	미상환사채 권면(전자등록)총액	전환가능주식수	비고
제3회 무기명식 이권부 무보증 전환사채	2016년 12월 22일	2021년 12월 22일	5,000,000,000	보통주	2017년 12월 22일~2021년 11월 22일	100	3,742	-	-	(주)
합 계			5,000,000,000							

(주) 사채권자의 조기상환청구권(put option)행사로 만기전 사채 전액을 취득하였으며 취득한 사채는 증권전산 말소 되었습니다.
작성기준일 현재 발행한 전환사채 잔액은 없습니다.

미상환 전환사채 발행 현황을 확인한다.

전환사채권 발행결정

1. 사채의 종류		회차	3	종류	무기명식 이권부 무보증 사모 전환사채
2. 사채의 권면총액 (원)					5,000,000,000
2-1 (해외발행)	권면총액 (통화단위)		-		-
	기준환율등				-
	발행지역				-
	해외상장시 시장의 명칭				-
3. 자금조달의 목적	시설자금 (원)				-
	운영자금 (원)				5,000,000,000
	타법인 증권 취득자금 (원)				-
	기타자금 (원)				-
4. 사채의 이율	표면이자율 (%)				0.0
	만기이자율 (%)				2.0
5. 사채만기일					2021년 12월 22일
6. 이자지급방법					본 사채의 표면이자는 0.0%이며, 별도의 이자지급기일은 없는 것으로 한다.
7. 원금상환방법					만기까지 보유하고 있는 본 사채의 원금에 대하여는 2021년 12월 22일에 권면금액의 110.4896%에 해당하는 금액을 일시 상환한다. 단, 상환기일이 은행영업일이 아닌 경우에는 그 다음 영업일에 상환하고 원금 상환기일 이후의 이자는 계산하지 아니한다.
8. 사채발행방법					사모
	전환비율 (%)				100
	전환가액 (원/주)				5,346
	전환가액 결정방법				본 사채 발행을 위한 이사회 결의일 전일을 기산일로 하여 그 기산일로부터 소급하여 산정한 1개월 가중산술평균주가, 1주일 가중산술평균주가 및 최근일 가중산술평균주가를 산술평균한 가액과 최근일 가중산술평균주가 및 청약일(청약일이 없는 경우는 납입일) 전 제3거래일 가중산술평균주가 중 높은 가액으로서 원단위 미만을 절상한 금액으로 한다.
	전환에 따라 발행할 주식의 종류				제너셈 주식회사 기명식 보통주

금액은 50억 원으로 최초 발행가 5,346원에서 주가 하락으로 최저 전환가액인 3,742원까지 리픽싱된 상황이다(발행일 2016. 12. 22, 만기일 2021. 12. 22).

【특정인에 대한 대상자별 사채발행내역】		
발행 대상자명	회사 또는 최대주주와의 관계	발행권면총액 (원)
삼성증권(타임폴리오 The Time-M 전문투자형사모투자신탁, 타임폴리오 The Time-H 전문투자형사모투자신탁, 타임폴리오 The Time-A 전문투자형사모투자신탁, 타임폴리오 The Time-Q 전문투자형사모투자신탁의 신탁업자의 지위에서)	-	2,000,000,000
에이스수성신기술투자조합1호	-	1,000,000,000
수성자산운용 주식회사	-	500,000,000
현대증권(수성멀티에셋 전문투자형 사모증권투자신탁의 신탁업자 지위에서)	-	500,000,000
메리츠종합금융증권	-	1,000,000,000

메자닌(전환사채) 투자자는 기관으로 총액 50억 원인데, 발행 당시는 호재로 주가에 영향을 주었으나 발행 이후 행사가를 낮추기 위해 주가 하락을 유도하고 행사가를 리픽싱 최저가까지 낮췄다(의도하지 않았으나 주가 하락).

> 라. 위 가. 내지 다. 와는 별도로 본 사채 발행 후 매 3개월이 경과한 날(2017년 03월 22일, 2017년 06월 22일, 2017년 09월 22일, 2017년 12월 22일, 2018년 03월 22일, 2018년 06월 22일, 2018년 09월 22일, 2018년 12월 22일, 2019년 03월 22일, 2019년 06월 22일, 2019년 09월 22일, 2019년 12월 22일, 2020년 03월 22일, 2020년 06월 22일, 2020년 09월 22일, 2020년 12월 22일, 2021년 03월 22일, 2021년 06월 22일, 2021년 09월 22일)을 전환가격 조정일로 하고, 각 전환가격 조정일 전일을 기산일로 하여 그 기산일로부터 소급한 1개월 가중산술평균주가, 1주일 가중산술평균주가 및 기산일 가중산술평균주가를 산술평균한 가액과 기산일 가중산술평균주가 중 높은 가격이 해당 조정일 직전일 현재의 전환가격보다 낮은 경우 동 낮은 가격을 새로운 전환가격으로 한다. 단, 새로운 전환가격은 발행 당시 전환가격(조정일 전에 신주의 할인발행 등의 사유로 전환가격을 이미 조정한 경우에는 이를 감안하여 산정한 가격)의 70% 이상이어야 된다.

리픽싱 행사가 최초 발행가의 70%까지 하락했다.

전환사채(해외전환사채 포함) 발행후 만기전 사채 취득

전환사채(해외전환사채)			3	회차
1. 만기전 취득 사채에 관한 사항	사채의 종류	무기명식이권부 무보증 사모 전환사채		
	발행일자	2016-12-22		
	발행방법	국내발행 (사모)		
	주당 전환가액(원)			3,742
	만기일	2021-12-22		
2. 사채 취득금액 (통화단위)		525,570,000	KRW : South-Korean Won	
- 취득한 사채의 권면총액 (통화단위)		500,000,000	KRW : South-Korean Won	
- 기준환율				
- 취득일자		2019-06-24		
3. 취득후 사채의 권면잔액 (통화단위)		-	KRW : South-Korean Won	
4. 만기전 취득사유 및 향후 처리방법		- 사채권자의 조기상환청구권(Put Option)행사로 인한 취득 - 취득분 한국예탁결제원 등록채권 말소 예정		
5. 취득자금의 원천		자기자금		
6. 사채의 취득방법		장내매수		
		-상기 사채 취득금액은 원금 및 이자를 포함한 금 액 입니다. -상기 주당 전환가액은 2017년 9월 22일 최종 조정 된 전환가액 입니다.		

코로나19의 영향으로 주가 하락이 자연스럽게 진행되었으며 최저
가 3,740원에 행사되었다.

좌측 큰 원 부근이 리픽싱 최저가 행사 자리이다. 최근 주가 상승
으로 현재가 4,035원인데, 메자닌 투자자는 큰 수익이 발생한 것을
알 수 있다.

❚ 메자닌 활용법

- 메자닌 제3자 배정으로 주가 상승 → 이때는 주식을 분할 매도 하는 것이 유리
- 메자닌 리픽싱 최저가 아래까지 주가 하락 시 → 분할 매수로 대응하는 것이 유리
- 메자닌 리픽싱 최저가 아래에 도달하지 않았을 경우 → 매수 보류 또는 콜옵션·풋옵션 행사 여부를 살펴서 투자하는 것이 유리
- 메자닌 리픽싱 최저가 행사 이후 주가 상승 시 → 분할 매수로 비중을 확대하는 것이 유리

동시 만기일(쿼드러플 위칭데이) 부근 매매 참고 사항

쿼드러플 위칭데이

'네 마녀의 날'이라고도 한다. 지수 선물·옵션, 개별 주식 선물·옵션이 동시 만기되는 날이다. 지수 선물·옵션, 개별 주식 옵션의 만기가 겹치는 '트리플(Triple) 위칭데이'에 개별 주식 선물을 포함해서 숫자 '4'를 의미하는 '쿼드러플(Quadruple)'을 붙여 만든 용어이다. 쿼드러플 위칭데이는 네 가지가 동시 만기되어 마치 네 마녀가 돌아다녀 혼란스러운 것처럼 변화가 예측되지 않는 주식 시장을 의미한다.

출처 : 네이버 지식백과 참조

동시 만기일에는 과거 대부분 급등락이 심했으며 하락 마감한 날이 많았습니다. 대략 6대 4정도입니다.

일반적으로 하락과 상승을 예상할 때 주가 지수 선물을 활용하는데

원월물(12월물)이 근월물(9월물)보다 높으면 → 만기일에 선물 매도가 나오고 현물 매수가 들어오는 경향이 있습니다.

반대로 원월물(12월물)이 근월물(9월물)보다 낮으면 → 만기일에 선물 매수가 들어오고 현물 매도가 나오는 것이 일반적인 증시 흐름입니다.

KOSPI200 선물 2020년 12월물
313.90 ▼   3.0

KOSPI200 선물 2020년 9월
314.45 ▼   2.

위는 원월물 12월물과 아래는 근월물 9월물 실시간 가격입니다.

위 원월물과 근월물의 선물 가격 현황으로 봐서는 내일 현물 매도가 나올 것으로 예상됩니다. 일단 반등에 주식 비중을 줄이고 매수는 내일 하는 것이 유리할 듯합니다.

100%는 아니지만 과거 통계 자료에 의한 움직임이라 이 내용들을 참고해서 대응하겠습니다.

나이 및 투자 자산에 따른 주식 투자 방법 배우기

주식 어떻게 매매할 것인가?

모든 투자자들의 꿈은 대박 나서 슈개(슈퍼개미)가 되고 큰손이 되는 것입니다.

일단 자신의 상황을 빨리 파악하고, 상황에 맞는 매매 방법을 찾는 것이 유리합니다.

어떻게 매매해야 할까요?

1. 무조건 장기 투자가 답이다.

2. 스윙·단타로 치고 빠지는 트레이딩이 답이다.

3. 장기 투자와 스윙·단타 트레이딩을 병행한다.

정답은? 1, 2, 3번 모두 맞습니다.

주식 투자는 자신의 성향과 투자 자산에 맞게 운용해야 합니다.

주식 투자에 있어 일단 가장 중요한 2가지를 고민해야 합니다.

1. 나이에 맞는 투자 방법을 찾아라!

70대와 20대의 투자 방법이 동일할까요?

매매 방법은 투자자의 나이에 따라 달라야 합니다.

20~30대 투자자는 장기 투자가 유리합니다.

젊은 분들은 40년 넘게 투자할 수 있는 시간이 있기 때문에 가장 중요한 2가지를 먼저 해야 합니다.

하나, 올바른 주식 투자 방법을 연구하고 공부해서 습관화해야 합니다.

1~2년간은 주식 투자에 대한 교육이 먼저입니다. 미래를 생각해서 차분하게 준비하는 시간을 갖기 바랍니다.

둘, 종잣돈을 만들어야 합니다.

한 방에 큰 돈 벌려고 욕심내지 말고, 적립식으로 종잣돈을 차곡차곡 쌓아가기를 바랍니다. 참고로 금융사 펀드, 금융 상품 등은 가입하지 말고. 우량 기업을 선정해서 매달 15일쯤 적립식으로 매수하시기 바랍니다.

40~50대 투자자는 사업(장사)하듯 매매해야 유리합니다.

투자 금액이 조금 큰 분들이 많은 연령대인데, 주식 투자를 사업하듯이 해야 합니다.

작은 분식집 하나 차리려고 해도 최소 5,000만 원 정도 필요합니다.

월 생활비 이상을 벌어야 하고, 투자금을 절대 잃어서는 안 되는 가장들이 대부분입니다.

하나, 절대 잃지 않는 매매를 해야 합니다.

잃지 않으려면 투자 원칙과 매매 전략이 구체적이어야 합니다. 항상 시나리오(매수 자리, 매도 자리, 익절 자리, 손절 자리)를 준비하고 손절 원칙에 따라 철저하게 매매하시기 바랍니다.

매매 시 분할 매매는 기본이며 다른 건 몰라도 손절은 무조건 지킵니다. 한 가지 더, 몰빵 매매는 무조건 금지!

이익이 나면 무조건 챙겨야 하고 손실은 최대한 짧게 끊어야 합니다.

사업이나 장사는 아무 계획 없이 하면 쫄딱 망합니다. 사업계획서를 작성하듯 구체적인 매매 계획을 작성하고 그에 따라 매매하세요.

둘, 미수·신용 절대 쓰지 않는다.

주식하다 망하는 이유는 욕심 때문입니다.

주식하다 물리면 많은 분들이 물타기를 하는데 물타기만 안 해도, 손절만 잘해도 절대 망하지 않습니다.

사업(장사)이 안 되는데 돈 끌어다 가게를 넓힐까요?

수익이 날 때까지 적은 돈으로 운용하고, 철저하게 연구해서 투자 원칙, 돈 버는 매매 방법부터 습관화하시기 바랍니다. 참고로 미수·신용은 2년 정도 노하우가 쌓이면 그때 장 중에만 활용하세요.

그리고 절대 물타기는 금지, 불타기만 하세요.

마지막으로 60~70대 분들은 용돈 벌듯이 매매하세요!

저보다 형님들이신데, 여러분들은 버는 것보다 지키는 게 중요한 분들입니다.

30년 가까이 주식 투자를 한 동생으로서 말씀드리는데, 너무 많은 욕심은 한 번 실수로 모든 것을 잃을 수 있습니다.

욕심만 내려놓으시면 재미있게 용돈을 벌며 즐겁게 생활하실 수 있습니다.

손주들 용돈 주고, 친구들에게 막걸리 한잔 대접할 정도만 벌어도 훌륭하신 겁니다.

30년 가까이 수많은 투자자들을 봤는데, 개인적인 의견으로 사실 60~70대 분들이 매매를 가장 잘합니다.

욕심을 내려놓으시고 낚시하듯이 깔아놓고 매매하세요. 체결이 안 될 것 같은 가격에 매수, 체결이 안 될 것 같은 가격에 매도합니다.

당일 10시까지 저점 이하 가격에 깔아놓은 다음 분할 매수하고, 당일 10시까지 고점 이상 가격에 분할 매도를 넣어놓으시기 바랍니다.

형님들은 절대 욕심내시면 안 됩니다. 하루하루 소일거리 하면서 돈도 버시기 바랍니다.

2. 투자 금액에 맞는 매매 방법을 찾아라.

(1) 1,000만 원 이하
(2) 5,000만 원 이하
(3) 5,000만 원 이상

첫 번째, 1,000만 원 이하로 투자하는 분들은 처음 주식 투자를 하는 분들이 대부분입니다.

코로나19 여파로 3월 급락 이후 증시가 더블 가까이 올라왔습니다.

상승장이라 수익도 크게 나셨을 텐데, 이분들은 '초심자의 행운'을 조심해야 합니다.

어떤 분야에 입문한 초보자가 일반적인 확률보다 높은 성공을 얻거나 전문가를 상대로 승리하기도 하는 행운을 우리는 '초심자의 행운'이라고 부릅니다.

경험과 노하우가 쌓이기 전까지 투자금을 확대하지 않았으면 합니다.

주린이 분들은 투자 원칙과 매매 전략부터 정립하고, 원칙과 전략에 따라 효율적인 매매를 습관화하기 바랍니다.

두 번째로 5,000만 원 이내로 투자하는 분들은 나름 경험과 노하우가 쌓인 분들이 대부분입니다.

간혹 투자 경험이 없거나 투자 원칙, 매매 방법이 정립이 안 된 분이 있는데, 이런 분들은 지금 당장 투자금부터 줄이시기 바랍니다.

경험과 노하우가 쌓인 분들은 적극적으로 매매해서 자산을 늘려가기 가장 유리한 위치에 있는데, 종목 수를 줄이고 집중 투자해서 승률과 이익금을 극대화하시기 바랍니다.

종목 수는 10종목 이내가 유리하며 중장기 투자와 스윙·단타 트레이딩 투트랙으로 운용해야 유리합니다. 중장기보다 스윙·단타 비중이 높아야 합니다.

투트랙 운용 방법은 향후 별도로 교육하겠습니다.

세 번째, 5,000만 원 이상 투자하는 분들은 산전수전 다 겪은 나름 고수분들이 대부분입니다.

중장기 비중을 늘려서 투자하는 것이 유리하고 가급적 마음을 편하게 갖고 중장기 종목으로 내사오팔 하는 방법이 가장 좋습니다.

참고로 실시간 스윙·단타 종목들은 목표와 손절을 조금 낮춰서 잡아야 유리합니다(목표 +4%, 손절 −2%).

이상. 오늘은 주식 투자를 어떻게 할 것인가에 대해 살펴봤습니다.

감사합니다.

PART 03

꼭 알아야 할
주식 투자의 기본과 용어

3장에서는 주식 투자의 기본 용어들에 대해 설명한다.

주식 투자를 하려면 기본적인 지식과 용어에 대한

이해가 필요하므로 가볍게 읽어보기 바란다.

03

유가증권 시장의 정의 및 분류

유가증권 시장

주식과 채권을 매개로 운용되는 시장을 말하며 유가증권의 발행과 유통을 통해 산업자금을 안정적으로 조달할 수 있다. 일반적으로 기업은 주식과 채권 발행을 통해 안정적인 자금을 조달할 수 있으며 개인은 주식과 채권 투자를 통해 자산을 증대시키는 재테크로 활용한다.

▌거래소 시장

거래소 시장은 조직화된 기구인 증권거래소가 개설해 관리하는 유가증권 시장을 말한다. 또한 장소적인 의미를 강조해 매매 입회장 (Trading Floor)이라고도 부르며 장외 시장과 구별하는 의미에서 장

내 시장이라 부른다.

거래소 시장은 금융 상품을 판매하고 구입하는 장소와 거래의 형식이 일정하게 표준화되어 있기 때문에 모든 거래가 집중되고 가격 및 거래 정보가 누구에게나 잘 알려지며 거래의 익명성이 보장되어 거래 상대방이 누구인지 알려지지 않는 특징이 있다. 특히 거래소 시장에서 거래되는 대표적인 주식 200개 종목으로 구성된 KOSPI 200이 가장 핵심이다.

▌코스닥 시장

미국의 첨단벤처기업 중심의 나스닥 시장을 본떠 만든 시장으로 벤처기업 및 유망 중소기업의 자금 조달을 위해 설립된 시장이다. 기업 규모는 작지만 성장성이 높은 기업들을 상장하는 곳이다. 특히 코스닥 시장에서 거래되는 대표적인 주식 30개 종목으로 구성된 STAR 지수가 가장 핵심이다.

▌장외 시장

한국거래소가 개설하는 시장(거래소·코스닥) 외에서의 매매 거래가 이루어지는 시장을 말하며 고객과 증권회사, 증권회사 상호간 또는 고객 상호간 개별적인 접촉에 의해 거래가 이루어지는 비조직적이고 추상적인 시장을 말한다.

주식의
종류 및 분류

보통주·우선주

▌보통주

이익 배당상의 순위에 따라 상대적으로 분류된 주식으로 주주가 가지는 각종의 권리를 평등하게 부여한 주식을 말한다. 배당이나 잔여 재산분배 등의 경우 우선적 지위 또는 후순위 지위를 결정하는 기준이 되며 주주총회에 참여해 의결권을 행사할 수 있다. 한국의 주식은 대부분이 보통주인데 회사의 손실에 대한 위험을 부담해야 하므로 사업부진 때는 배당을 받지 못하고 잔여 재산분배에 확정적인 지위를 갖지 못한다. 반대로 사업이 호전되면 고율의 배당을 받을 수 있어 투기적인 요소가 있는 주식이다.

▌우선주

의결권이 없는 대신에 보통주보다 먼저 배당을 받을 수 있는 권리가 부여된 주식을 말한다. 일반적으로 보통주보다 우선권을 갖는 주식을 말하는데, 그 우선권의 내용에 따라 몇 가지로 세분된다. 배당이 실시된 후에도 이익이 남는 경우 보통주와 함께 배당에 참가할 수 있는 참가적 우선주, 그렇지 못한 비참가적 우선주가 있다. 또한 당해 연도에 우선 배당을 받지 못한 경우 미지급 배당액을 다음 연도 이후에 우선해 배당을 받을 수 있는 누적적 우선주, 그렇지 못한 비누적적 우선주 등이 있다.

대형주·중형주·소형주

▌대형주

증권 시장에서 대형주, 중형주, 소형주는 자본금에 따라 정해지는데, 자본금이 750억 원을 넘으면 대형주로 분류된다. 대형주는 자본금이 크고 발행주식 수가 많기 때문에 거래되는 유통주식 수도 많다. 시가 총액 상위 1~100위까지의 종목을 대형주로 본다.

▌중형주

일반적으로 자본금 750~350억 원 사이에 있는 주식을 중형주로 분류한다. 시가 총액 101~300위까지의 종목을 중형주로 본다.

▌소형주

일반적으로 납입 자본금이 350억 원 미만의 종목들을 소형주로 분류하며 대형주와 중형주에 포함되지 않는 그 외 종목들을 말한다.

일반적으로 외국인과 기관은 대형주 투자를 선호하며 개인 투자자는 중형주와 소형주 투자를 선호한다. 외국인과 기관이 대형주를 선호하는 이유는 언제든 매수와 매도가 가능하고, 시세에 미치는 영향이 적기 때문이다.

투자 시 주의가 필요한 종목

관리 종목

상장법인이 갖추어야 할 최소한의 유동성을 갖추지 못했거나 영업 실적 악화 등의 사유로 부실이 심화된 종목으로 상장 폐지 기준에 해당할 우려가 있는 종목을 말한다.

- 사업보고서·반기보고서·분기보고서 등 미제출 기업
- 감사의견 부적정 또는 의견거절 기업
- 사업보고서상 자본금의 50% 이상 잠식 기업
- 주식분포 미달 기업
- 거래량 미달 기업
- 지배구조 미달 기업

- 공시의무 위반 기업
- 매출액 미달 기업
- 주가수준 미달 기업
- 시가총액 미달 기업

투자 유의 종목

주식 시장에서 투자자들에게 주의를 환기시키기 위해 지정하는 종목을 말한다. 부도, 화의, 법정관리 등 기업 여건이 양호하지 않은 종목들이 대부분으로 부채 비율이 높아 자본 잠식 상태에 있거나 주식 분산 요건이 미비한 경우 투자 유의 종목에 지정된다.

불성실공시기업

주권 상장법인이 거래법 및 상장법인 공시규정에 의한 공시의무를 게을리해 공시불이행, 공시번복, 공시변경의 유형에 해당된 경우 지정된다.

이상 급등 종목

증권 시장에서 주가가 단기간 급등한 종목에 대해 투자자의 주의 환기, 투기적 매매 억제로 주가 안정을 도모하기 위해 지정한다. 이상 급등 종목에 지정되면 신규 신용거래가 제한되며 위탁 증거금을 100% 징수한다.

주식 관련 기본 용어

액면가

주권 표면에 적힌 금액으로 주당 5,000원이 일반적인데 최근 1,000원, 500원, 100원 등도 있다. 또한 1,000~100원으로 액면가가 분할되는 경우가 많다. 액면가가 분할되면 유통 주식주가 많아지면서 거래가 활발해지고 주가가 상승하는 경향이 있다.

액면 분할

주식의 액면가를 일정한 분할 비율로 나눔으로써 주식 수를 증가시키는 일을 말한다. 주식의 액면 분할은 일반적으로 어떤 주식의 시장 가격이 과도하게 형성되어 거래가 부진하거나 신주 발행이 어려운 경우에 하고, 액면 분할을 함에 따라 주당 가격이 낮아져서 거래가 활성화되는 경향이 있다. 또한 주식 이외에 채권도 증권 시장에서의 유동성을 확보하고 용이한 신주 발행을 하기 위해 액면 분할을 하는 경향이 있다.

액면병합

액면가가 적은 주식을 합쳐 액면가를 높이는 것으로 일반적으로 주식 시장에서 주가를 끌어 올리기 위해 액면병합한다. 액면병합도 액면분할처럼 주가에 호재로 작용하는데 액면병합을 통해 싼 주식 이미지를 벗어날 때 활용한다. 일반적으로 주가가 하락하는 약세장에서 액면가가 낮고 물량이 넘치는 종목에 대해 액면병합을 실시하는 경우가 많다.

유상 증자

기업이 주식을 추가로 발행해 자본금을 늘리는 것을 말한다. 일반적으로 회사가 부족한 자금을 추가로 조달하기 위해 불특정 다수 또는 주주나 특정인을 대상으로 주식을 추가 발행한다.

무상 증자

　주식 대금을 받지 않고 주주에게 주식을 공짜로 나눠주는 것을 말한다. 일반적으로 회사가 가지고 있는 자본준비금과 잉여금을 이사회의 결의에 따라 주주들에게 무상으로 신주를 발행해 지급하는데, 이윤이 회사 바깥으로 빠져나가는 것을 막기 위해 현금 배당 대신 주식으로 배당하는 것도 일종의 무상 증자로 볼 수 있다. 일반적으로 무상 증자를 하는 경우 주가 호재로 인식되어 주가가 상승하는 경향이 있다.

유상 감자·무상 감자

　회사가 주식 수를 줄여 자본을 감소시킬 때 회사에서 자본금의 감소로 발생한 환급 또는 소멸된 주식의 대가를 주주에게 지급하는 것을 유상 감자라 하고, 아무런 보상 없이 주식 수를 줄여 자본을 감소시킬 때 무상 감자라 한다. 일반적으로 유상 감자는 회사 규모에 비해 자본금이 지나치게 많다고 판단될 경우 자본금 규모를 적정화해 기업가치를 높이거나 주가 부양을 하기 위해 진행하고, 무상 감자는 누적 결손금이 커질 경우에 자본금 규모를 줄여서 회계상의 손실을 털어내는 방법으로 이용된다. 무상 감자는 대부분 부실기업에 대한 대주주의 징벌적 수단으로 많이 활용되며 통상 무상 감자가 실시되면 주가가 하락하는 경향이 있다.

메자닌(전환사채·신주인수권부사채·교환사채)

　메자닌은 이탈리아어로 건물 1층과 2층 사이에 있는 라운지 공간을 의미하며 증시에서는 채권과 주식의 중간 위험 단계에 있는 채권을 의미한다. 주가 상승장에는 주식으로 전환해 자본 이득을 취할수 있고, 하락장에서도 채권이기 때문에 원금 보장이 되며 주가 하락 시 사채 행사가격이 조정되는 리픽싱에 따른 이득을 챙길 수 있다. 중소형 기업 대부분이 메자닌을 발행해 자본을 조달하는데, 일반적으로 메자닌 발행 기업은 주가 변동성이 크기 때문에 투자 시조목조목 메자닌 발행 내용을 살펴서 주의하면서 투자해야 한다.

물타기

　매수한 주식의 가격이 하락할 때 주식을 추가로 매수해 평균 매수단가를 낮추려는 행위를 말한다. 물타기는 주가 하락으로 기술적 반등이 나올 것을 기대하고 추가 매수하는데, 내재가치가 양호한 주식을 골라서 투자해야 유리하다. 내재가치가 좋은 기업은 국내외 이슈에 따른 충격으로 하락해도 이슈가 해소되면 바로 재상승하는 경향이 있지만 부실한 기업은 장기 횡보하거나 추가 하락하는 모습을 보인다. 주가 하락 시 무분별한 추가 매수는 손실이 기하급수적으로 증가할 수 있어 주의해야 한다.

불타기

물타기와 반대로 매수한 주식의 가격이 상승할 때 주식을 추가로 매수하는 매매 행위를 말한다. 상승하는 주식이 추가로 상승할 것으로 기대될 때 적극적으로 매수하는 방법으로 평균 매수가격은 올라가지만 이미 이익에 따른 안전마진을 확보했을 때 추가 매수하는 방법으로 활용된다.

손절매

손해를 감수하고 매수한 주식을 파는 것을 말한다. 일반적으로 매수한 가격보다 낮은 주식을 추가적인 하락이 예상되어 손실 확대를 피하고자 매도하는 것이다. 통상 신용 거래·미수 거래에서 매수한 뒤 주가가 떨어져 손해를 보고 청산하는 경우 손절매를 많이 한다.

신용 거래·미수 거래

일반적으로 신용 거래는 증권회사로부터 대금이나 주권을 빌려서 거래하는 것을 말하며 미수 거래는 주식 매수 시 증거금을 내고 외상으로 매수하는 것을 말한다. 신용 거래와 미수 거래는 수중에 있는 자금 이상의 거래를 할 수 있기 때문에 많이 활용하는데, 성공하면 성과도 크지만 실패하면 손실도 크다. 가급적 소액으로 신용 거래와 미수 거래를 해본 후 정확히 이해되고, 일정 시간 경험이 쌓인 경우 장 중에만 활용하는 것이 유리하다.

반대 매매

만기까지 대출금을 갚지 못하거나 담보가치가 일정 비율 이하로 떨어지면 대출자의 의사와 상관없이 강제로 주식을 처분하는 것을 말한다. 일반적으로 신용(1~3개월간 주식을 빌려 매수), 스톡론(외상으로 주식 매수), 미수 거래(담보 없는 위탁 매매) 계좌를 이용해 주식을 매수한 경우 주가 하락에 따라 투자자 의지에 상관없이 무조건 매도가 쏟아지는데, 통상 미수 거래 반대 매매는 시초가에 많이 출회되며 스톡론 서비스는 오후 2시, 신용 거래는 종가 부근에 많이 출회된다.

증시 관련 중요 용어

서킷브레이커

주식 시장에서 주가가 급등 또는 급락하는 경우 주식 매매를 일시 정지하는 제도를 말한다. 주가 지수의 상하 변동폭이 10%를 넘는 상태가 1분간 지속될 경우 현물과 선물·옵션의 매매 거래를 중단하는 제도인데, 과열된 증시를 잠시 정지함으로써 투자자들이 이성을 찾아 매매하도록 조치하는 제도이다. 서킷브레이커가 발동된 날은 가급적 매매를 자제하고 관망하는 것이 유리하다.

사이드카

　선물 시장이 급변할 경우 현물 시장에 대한 영향을 최소화함으로써 현물 시장을 안정적으로 운용하기 위해 도입한 프로그램 매매 호가 관리 제도를 말한다. 선물 가격이 전일 종가 대비 코스피 5%, 코스닥 6% 이상 급등 또는 급락 상태가 1분간 지속될 경우 현물 시장에 대한 영향을 최소화하기 위해 주식 시장의 선물과 현물 매매를 5분간 중단시킨다. 사이드카 발동 시 증시가 비이성적으로 움직이고 있다고 판단해 주식의 가격이 급등한 종목은 분할 매도로 대응하고, 급락한 종목은 분할 매수로 대응하는 것이 유리하다.

임의 종료제

　단일가 매매 중 공개되는 예상 체결가를 이용한 허수 호가 등으로 주가 조작을 방지하기 위해 실시하는 제도를 말한다. 개장 및 마감 전 5분간 접수받은 호가 가운데 최고가·최저가와 잠정 시가·잠정 종가 사이에 5% 이상의 격차가 발생하는 종목에 대해 최장 5분간 가격 결정 시간이 연장된다.

KOSPI 200

대표적인 주식 200개 종목으로 산출하는 시가 총액식 주가 지수를 말하며 특정 시점에서 200개 종목의 시가 총액을 1990년 1월 3일과 비교해 주식의 시가 총액이 얼마만큼 늘어나고 줄어들었는지를 나타낸 것이다. 종합주가지수와 동일한 시가 총액식 방식으로 계산되며 주가 지수 선물 및 옵션의 거래 대상이 된다.

선물 옵션 만기일

지수 선물과 지수 옵션이 만기가 되는 날을 말하며 매월 둘째 주 목요일이다. 특히 3월, 6월, 9월, 12월 동시 만기일에는 변동성이 확대되는 경향이 있는데, 동시 만기일은 '쿼드러플 위칭데이'로 명칭하며, 롤러코스터 움직임을 보이는 경향이 있어 '네 마녀의 날'이라고 불린다. 지수 선물, 지수 옵션, 개별 주식 선물, 개별 주식 옵션이 동시에 만기가 되는 날이다.

베이시스

주식 시장에서 선물 가격과 현물 가격의 차이를 나타내는 것으로 베이시스가 양(+)이면 콘탱코, 음(−)이면 백워데이션이라 한다.

콘탱고

선물 가격이 현물 가격보다 베이시스가 양(+)의 가격을 나타내는 것을 말한다. 일반적으로 콘탱코가 커질수록(양의 가격이 클수록) 프로그램 매매는 선물 매도가 나오고, 현물 매수가 들어온다. 주로 강세장이 예상되는 상황으로 판단한다.

백워데이션

선물 가격보다 현물 가격이 커서 베이시스가 음(−)의 가격을 나타내는 것을 말한다. 일반적으로 백워데이션이 커질수록(음의 가격이 클수록) 프로그램 매매는 선물 매수가 들어오고, 현물 매도가 나온다. 주로 약세장이 예상되는 상황으로 판단한다.

프로그램 매매

일반적으로 주식을 대량으로 거래하는 외국인과 기관이 일정한 전산 프로그램에 따라 수십 종목씩 주식을 묶어서(바스켓) 거래하는 것을 말하며 선물과 현물을 활용해 차익 거래를 하는 경우도 포함된다. 차익 거래와 비차익 거래가 있는데, 차익 거래(매수 차익 거래·매도 차익 거래)는 현물과 선물의 가격 차이를 이용해 차익을 챙기는 거래를 말한다. 비차익 거래(바스켓 거래)는 선물 시장과 상관없이 현물만을 대상으로 하는 거래를 말한다.

PART 04

종목 분석 및
재야 고수의 매매 원칙

4장에서는 저자가 증권방송에서 추천했던 종목들과 시청자가 상담을 요청했던 종목들에 대한 실제 분석 사례를 소개했다. 종목을 분석할 경우 기업 내용과 실적을 바탕으로 정성 요인과 정량 요인을 살펴야 하며, 차트와 기술적 지표를 활용해서 매매 시나리오를 작성하는 것이 중요하다. 실제 사례 분석 내용을 참고해 관심 종목들을 분석할 때 활용하기 바란다.

04

금융회사가
알려주지 않는 진실

금융회사의 캠페인 상품은 조심하자

옵티머스, 실사 나온 NH투자증권 두번 속였다
서울경제 PiCK   24면 TOP   18시간 전   네이버뉴스
'1조5,000억원대 펀드 사기' 혐의로 재판에 넘겨진 **옵티머스**자산운용 측이 올해 펀드 판매사인… '**라임**자산운용 사태' 등으로 사모펀드 감독·감사가 강화되면서 NH투자증권이 실사를 나오겠다고 한 것이다. 문제는…

이혁진 횡령자금 어디로 갔나…의혹 다 못 푼 '옵티머스 사기'
중앙일보   18시간 전   네이버뉴스
옵티머스 사건과 유사한 **라임** 사건 역시 이 같은 방식으로 정·관계 로비 의혹까지 수사 범위가 넓어졌다. 증권범죄합수단 출신의 한 인사는 "증권범죄 수사의 핵심은 관련된 회사들을 일일이 찾아내 돈을 쫓는 것"이라고…

민생당 "5분현상수배! 옵티머스 2700억원, 어디로 갔나? 토론회
브레이크뉴스   6시간 전
이 당은 "**라임**자산운용·**옵티머스**자산운용 펀드 환매 중단 사태 등, 정권이 바뀌었음에도 심화되고 금융마피아의 부정부패와 권력 유착 의혹을 정리해보고, 금융마피아 척결·정경유착 의지 제고, 올바른 금융문화…

옵티머스 '폰지형 사기'에 좌초한 금융혁신 한겨레 PiCK   3일 전   네이버뉴스
라임과 **옵티머스**의 폰지형 사기가 정부의 사모펀드 육성정책을 사실상 좌초시키고 있다고 해도 과언이 아니다. 정부는 2015년 자본시장 육성과 모험자본 공급이라는 명분 아래 대대적인 사모펀드 규제완화를 했다.…

출처 : 네이버뉴스

최근 사모펀드를 비롯해 많은 금융 상품의 부실로 평생 모은 자산을 한순간에 날리는 억울한 일이 많이 발생하고 있다(사실 과거에도 명칭만 달랐지 많은 금융 상품이 문제가 되었다). 금융권에서 추천하는 상품은 조심해야 한다. 펀드, DLS, ELS, ELT, 기타 등등 종류도 많고 상품도 다양한데 종종 위에서(사장이나 임원) 임기 종료를 앞두고 연임이나 유임을 위해 직원들을 닦달하면서 금융 상품 판매를 강요하는 경우가 많다(일반적으로 '캠페인한다'고 표현한다). 대부분 지수의 고점 또는 상품의 조건이 불리한 상황에서 출시되는 경우가 많은데, 이때 가입하게 되면 억울한 상황이 발생할 수 있어 주의해야 한다.

캠페인 상품은 회사에 많은 수익을 주거나 판매 직원에게 큰 인센티브를 주기 때문에 고객에게 불리한 내용임에도 판매를 하는 경우가 허다하다. 판매하는 직원이 상품의 내용이나 손익 구조를 모른다면 백이면 백, 회사의 캠페인 상품이라고 보면 틀림이 없다. 금융회

캠페인 상품을 추천받았을 때 다음 사항을 체크해보자!

- 판매 상품의 손익 구조 → 판매 상품이 어떤 상황에 이익이 나고 어떤 상황에 손실이 나는지와 손익의 한도가 제한되는지 무제한인지 등을 살펴야 한다.

- 판매 상품의 비용 구조 → 회사의 수익과 직원의 수익을 알아야 하며 특히 투자자의 몫이 얼마인지 구체적으로 알아야 한다(회사 몫과 직원 몫이 클수록 부실 상품 가능성이 높다).

- 대부분 금융사가 비슷한 상품을 판매하므로 다른 회사 1~2곳 정도를 방문해서 비교하고 유리한 곳에서 가입한다(참고로 경쟁사 상품을 문의하면 불리한 내용을 상세히 알려준다).

- 판매하는 직원이 상품 구조를 이해하지 못하는 경우가 많은데, 이런 상품은 불리한 조건이 대부분 숨어 있다. 상품을 이해하지 못했으면 절대 가입하지 않는다.

사의 100% 원금 보전 상품은 거의 없는데 간혹 원금 보전이 가능하며 각서도 써주겠다며 판매하는 직원이 있다. 잘리지 않기 위해 무리수를 두는 경우가 비일비재하다(사실 각서는 법적 효력이 없다).

※ 결론 : 이해하지 못하는 펀드 및 금융 상품은 가입하지 않는다. 특히 캠페인 상품은 투자 시 조심하자! 금융사 대표와 임원은 직원들 괴롭히는 캠페인을 하지 말아 주시기 바란다.

2

종목 분석 사례 따라 하기

   기업을 분석할 때는 정성 요인과 정량 요인을 살펴야 하며 다음으로 차트와 기술적 지표를 분석해서 매매에 활용해야 한다. 최소한 기업 개요, 실적 현황, 과거 역사적 상승 이유, 현재 상승 기대 요인 등은 알아보고 투자하자.

윈스(136540) 분석 사례(2019. 12. 3)

▌기업개요

   정보보안솔루션 개발, 공급 및 네트워크 보안과 관련된 소프트웨어 개발 사업을 영위, 국내 1위의 네트워크 보안 사업자이다. 네트워크 보안 분야에서 침입방지시스템(NGIPS), DDoS공격대응 솔루션, 방화벽, 지능형 지속공격방어 등의 보안기술 시장을 선도하고 있다.

실적 현황

2019년 매출액 810억 원으로 +14.6% 상승, 영업 이익 145억 원으로 +32.8% 상승이 예상된다.

과거 역사적 모멘텀

2013년 5월 LTE 수요 급증에 따른 모바일 트래픽 급증과 디도스 공격방어 관련 특허를 취득하며 23,000원까지 상승했으며 최근 2019년 6월 1분기 호 실적 발표에 18,150원까지 상승했으나 수출 규제 관련해 한일 관계가 급속 경색되며 급락 후 12,000원에서 횡보 중이다.

상승 기대 요인

- 5G 상용화에 따른 데이터 트래픽 증가로 수혜가 예상된다(KT와 LG유플러스의 IPS(침입방지시스템) 독점 공급자이며, 5G 상용화로 기존 주력 제품인 40G에서 단가가 높은 제품인 100G로의 교체가 예상된다).
- 일본 NTT도코모에 IPS 장비를 납품 중으로 2020년 고객사의

교체 주기 도래와 5G 구축에 따른 수혜가 예상된다(약 120억 원 매출 전망).

· 일본은 2020년 올림픽 이전에 5G 상용화를 목표로 하고 있는데, IPS 보안 제품 교체 주기 도래와 데이터 트래픽 증가에 따른 수혜가 예상된다.

▎리스크 요인

일본의 수출 규제로 인한 한일 관계 경색에 따른 우려감이 존재한다.

▎목표가·손절가

주봉 차트상 볼린저밴드 하단선에서 반등하고 있는 모습으로 기술적 지표인 스토캐스틱, RSI, CCI 등에서 바닥 신호가 포착되고 있어 기술적 반등이 가능한 시점으로 판단된다.

현재가(2019. 12. 3) : 12,200원
목표가 : 단기 13,800원, 중장기 17,500원
손절가 : 11,000원 이탈 시 손절

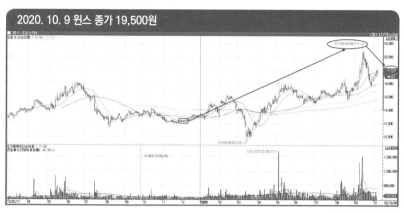

원스는 2019년 12월 3일 12,200원 이후 2020년 9월 11일 최고 가 23,700원(상승률 94.3%)으로, 현재가 19,500원(상승률 59.8%)으로 상승했다.

이수페타시스(007660) 분석 사례(2020. 1. 7)

기업 개요

이수페타시스는 4차 산업 관련 핵심 소재인 인쇄회로기판(PCB) 전문 제조업체로 5G 부품과 관련해 2020년에 기대되는 기업이다.

실적 현황

2019년에는 중국 후난법인의 일회성 비용 때문에 기대보다 실적이 저조했다. 매출액 5,240억 원, 영업 이익 100억 원 정도로 예상되며 2018년 대비 흑자 전환할 것으로 예상된다.

▌과거 역사적 모멘텀

2015년 5월 중국법인의 실적 회복과 고객사 확대로 최대 실적 기대감에 7,620원까지 급등, 2018년 12월 5G 매출 증가 기대감으로 7,270원까지 급등했다.

▌상승 기대 요인

작년 12월 삼성전기와 LG이노텍이 HDI기판 사업에서 철수했는데 ODM 관련 확대로 일부 관련 기업의 수혜가 가능한 시점이다.
- 중국 후난법인과 이수엑사보드법인의 대규모 인력 감축에 따른 2020년 경영 효율화로 실적이 크게 개선될 것으로 예상된다.
- MLB(18층 이상의 초다층기판, Multi-layer Board)부문에서 유무선으로 장비군 확대 및 주요 고객사 수주 증가에 따른 매출 및 실적 증가가 예상된다.
- 이수엑사보드법인과 중국 후난법인의 고부가가치 제품군으로의 집중 및 이익 정상화에 따른 실적 턴어라운드가 기대되는 상황이다.

▌차트 및 기술적 분석

주봉 20 이평선(볼린저밴드 중심선) 근접으로 추가 상승이 가능한 시점이며, 기술적 지표들도 매수 지속 흐름을 보이고 있는 상황이다.

▌목표가·손절가

현재가(2020. 1. 7) : 4,100원

목표가 : 단기 5,500원, 중장기 7,000원

손절가 : 3,565원

이수페타시스는 2020년 1월 7일 4,100원 이후 2020년 9월 10일 최고가 5,960원(상승률 45.4%)으로, 현재가 4,610원(상승률 12.4%)으로 상승했다.

휴온스(243070) 분석 사례(2020. 2. 4)

▌기업 개요

의약품 제조 및 판매를 주된 사업으로 영위하는 제약회사로 비만치료제, 비타민치료제, 면역증강제, 영양요법 주사제 등을 판매하고 있으며 점안제, 마취제, 화장품, 건강기능식품 등을 제조판매하고 있다.

▌정성·정량 요인

실적 부문에서 2019년 매출이 약 3,610억 원으로 전년 대비 10% 증가가 예상되며 영업 이익은 약 450억 원으로 전년과 비슷한 모습을 보일 것으로 예상된다.

▌과거 역사적 모멘텀

2018년 4월, 93,660원 역사적 고점으로 휴온스의 국소 마취제 '리도카인'의 미국 FDA(식품의약국) 복제약(제네릭) 품목 허가에 따라 급등했으며, 최근 2019년 12월 휴온스의 안구건조증치료제 나노복합점안제의 독일 임상 3상 시험 기대감과 미 FDA 복제약(부피바카인염산염주사제) 허가 기대감으로 58,300원까지 상승했다. 결국 휴온스는 신약 임상 실험 결과와 FDA 승인 등 두 가지 요인이 상승 요소이다.

▌현재 상승 기대 요인 및 리스크 요인

상승 요인은 세 가지인데 첫째, 신제품 리즈톡스 판권 수입 부문을 살펴보면 유럽 6개국(스페인·프랑스·이탈리아·폴란드·독일·영국)과 중국 시장 진출이 가시화될 경우 수혜를 볼 수 있다. 둘째, 비만 다이어트 제품 매출이 증가하고 있다. 셋째, 매년 10개 이상의 복제약 신제품이 출시되고 있어 매출과 실적이 상승할 것으로 예상된다. 2020년 매출과 영업 이익이 10%가량 증가할 것으로 예상된다.

▌차트·기술적 지표(5가지)

주봉 차트상 20 이평선 부근으로 기술적 반등이 가능한 모습으로 볼린저밴드 중심선 47,000원이 지지선 역할을 할 것으로 예상된다. 기술적 지표들은 과매도권에 진입한 모습으로 추가 하락은 제한적일 것으로 보인다.

▌목표가·손절가

현재가(2020. 2. 4) : 48,200원

목표가 : 단기 58,000원(볼린저밴드 상단선), 중장기 70,000원(2019
　　　　년 고점)

손절가 : 46,000원(2020년 최저점 이탈 시 손절)

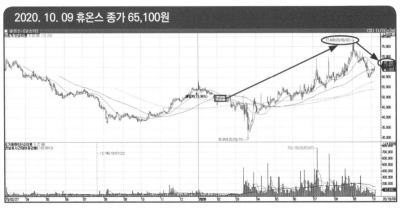

출처 : 유안타증권 티레이더

휴온스는 2020년 2월 4일 48,200원 이후 2020년 9월 2일 최고가 77,400원(상승률 60.6%)으로, 현재가 65,100원(상승률 31.5%)으로 상승했다.

한미반도체(042700) 분석 사례(2020. 2. 4)

▍기업 개요

국내외 반도체 소자업체 및 패키징업체에 반도체 초정밀금형, 자동화장비를 제조 공급하는 기업으로 한미네트웍스(부동산·투자 사업), 신호모터스를 계열사로 보유하고 있다.

정성·정량 요인(원래 13가지 체크)

실적 부문에서 2019년 매출이 약 1,240억 원으로 −43% 감소, 영업 이익 144억 원으로 −75% 감소할 것으로 예상된다.

과거 역사적 모멘텀

2017년 11월 중국 반도체 관련 매출 증가에 힘입어 3분기 실적이 크게 증가하고 신규 장비 국산화에 성공하면서 호 실적 기대감에 13,800원까지 급등했다. 최근 2020년 1월 반도체 제조용 장비 공급 계약 체결과 반도체 업황 개선 기대감, 자사주 소각 발표로 10,850원까지 급등했다. 이후 코로나19에 따른 경기 침체 우려로 하락 중이다.

현재 상승 기대 요인 및 리스크 요인

- 중화권과 한국 고객사의 수주 확대에 따른 2020년 매출 1,981억 원(+60%), 영업 이익 472억 원(+228%)으로 크게 증가할 것으로 예상된다.
- 메모리, 카메라, PCB, EMI 등 반도체 전방 산업의 업황 회복에 따른 매출과 실적의 빠른 회복이 예상된다.
- 리스크 요인으로 코로나19 지속에 따른 전방산업 회복 지연의 우려가 있다.

▌차트·기술적 지표(5가지)

　주봉 차트상 볼린저밴드 상단 부근에서 차익 매물이 출회된 모습으로 20 이평선 부근인 7,500원 부근까지 하락할 수 있는 상황이며 기술적 지표들도 매도 지속을 나타내고 있다.

▌결론

　반등 시마다 비중을 10%까지 줄여가는 것이 유리할 것으로 보인다. 트레이딩 전략으로 저항선 9,000원 부근 비중 축소, 지지선 7500원 부근 재매수하는 전략이 유리할 것으로 보인다.

▌목표가·손절가

현재가(2020. 2. 4) : 9,200원

목표가 : 단기 10,000원(볼린저밴드 상단선), 중장기 12,000원(2018년 고점)

손절가 : 7,300원(20 이평선 이탈 시)

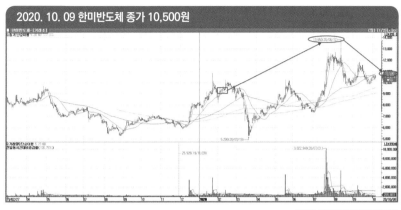

출처 : 유안타증권 티레이더

한미반도체는 2020년 2월 4일 9,200원 이후 2020년 8월 12일 최고가 13,650원(상승률 48.4%)으로, 현재가 10,500원(상승률 14.1%)으로 상승했다.

한솔테크닉스(042700) 언론매체 기고 사례(2019. 10. 09)

2019년 10월 8일 삼성전자의 3분기 호 실적에 따라 관련 거래 업체의 수혜가 예상되어 한솔테크닉스를 추천했다. 당시 수혜 예상되는 기업은 4종목이었으나 한솔테크닉스의 정성 요인과 정량 요인, 차트 및 기술적 지표가 양호해 선택했다. 일반적으로 중소기업은 거래 업체의 양호한 실적으로 수혜를 보는 경우가 많으며, 특히 거래 업체가 대기업일 경우 낙수효과가 크다. 주식 투자 시 전방산업과 거래 업체의 상황을 수시로 파악해 투자에 활용하자.

▎삼성전자 3분기 잠정 실적 어닝 서프라이즈

10월 8일 삼성전자의 3분기 잠정 실적이 발표되었다. 대부분의 증권사가 기대했던 컨센서스를 뛰어넘는 어닝 서프라이즈였다. 3분기 잠정 매출은 62조 원이며 영업 이익은 7.7조 원을 달성할 것으로 보인다. 전년 동기 대비해서는 매출 5.29%, 영업 이익 56.18% 감소한 결과이나 전 분기 대비해서는 매출 10.46%, 영업 이익이 16.67% 증가했다.

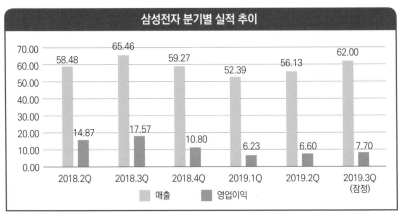

자료 : 삼성전자

삼성전자 분기별 실적 추이

3분기 잠정 실적이 매출 62조 원(증권사 컨센서스 61조 원), 영업 이익 7.7조 원(증권사 컨센서스 7.1조 원)이었는데, 삼성전자 3분기 잠정 실적 어닝 서프라이즈 요인은 다음과 같다.

첫째, 급락하던 메모리반도체 가격이 하반기부터 하락세를 멈췄다는 것이다.

둘째. 갤럭시노트10과 갤럭시폴드, 갤럭시A시리즈 등 전략스마트폰의 판매가 호조를 보였다.

셋째. 스마트폰 성수기로 진입하면서 애플의 아이폰 신제품 등 모바일용 OLED(유기발광다이오드)패널 수요가 증가했기 때문이다.

삼성전자의 어닝서프라이즈에 가장 큰 기여를 할 부문이 무선사업부이며 특히 갤럭시노트10과 갤럭시폴드, 갤럭시A시리즈 등 전략스마트폰 부문의 성과가 가장 클 것으로 예상된다.

삼성전자 분기별 실적 추이 및 전망

3분기 삼성전자 무선사업부 잠정 실적과 사업 내용을 살펴보면 잠정 실적으로 대략 매출액 27조 원, 영업 이익 2.7조 원으로 전 분기 영업 이익 1.6조 원 대비 +67% 증가. 컨센서스 2.2조 원 대비 18% 초과한 성과를 보였으며, 특히 갤럭시노트10 출하량은 1,100만 대로 전작 대비 +15% 증가, 갤럭시A 출하량은 5,500만 대로 전 분기 대비 +28% 증가할 것으로 예상된다.

갤럭시노트10과 갤럭시폴드, 갤럭시A 판매 증가에 따른 수혜 종목으로 삼성전기, 비에이치, 대덕전자, 한솔테크닉스 등 4종목이 유망할 것으로 보이나 최근 대부분 종목들의 상승폭이 컸다는 점과 정성·정량 요인으로 살펴본 바 한솔테크닉스의 상승 여력이 클 것으로 기대된다.

(단위: 십억원)		2018				2019				3분기 증감률	
		1Q	2Q	3Q	4Q	1Q	2Q	3QE	4QE	QoQ(%)	YoY(%)
매출액	반도체	20,771	21,991	24,773	18,751	14,472	16,090	16,860	16,448	11.2	-26.8
	Display	7,538	5,672	10,094	9,167	6,116	7,620	11,688	11,596	24.6	34.3
	M	28,451	23,966	24,909	23,315	27,229	25,861	27,002	26,541	-5.0	7.9
	CE	9,737	10,404	10,179	11,791	10,041	11,071	11,826	14,957	10.3	6.4
	HAR	1,940	2,134	2,234	2,551	2,187	2,521	2,546	2,674	15.3	18.1
	합계	60,562	58,480	65,463	59,263	52,386	56,132	62,542	64,095	7.2	-4.0
영업이익	반도체	11,541	11,613	13,649	7,769	4,120	3,401	3,283	3,138	-17.5	-70.7
	Display	412	140	1,123	972	-559	752	1,146	1,196	-234.4	100.5
	M	3,774	2,670	2,205	1,514	2,270	1,560	2,695	1,804	-31.3	-41.6
	CE	282	511	558	678	541	710	609	799	31.3	38.9
	HAR	-0	40	8	7	10	9	10	10	-10.0	-77.5
	합계	15,642	14,869	17,573	10,801	6,233	6,601	7,713	6,916	5.9	-55.6
영업이익률	반도체	55.6%	52.8%	55.1%	41.4%	28.5%	21.1%	19.5%	19.1%		
	Display	5.5%	2.5%	11.1%	10.6%	-9.1%	9.9%	9.8%	10.3%		
	M	13.3%	11.1%	8.9%	6.5%	8.3%	6.0%	10.0%	6.8%		
	CE	2.9%	4.9%	5.5%	5.7%	5.4%	6.4%	5.1%	5.3%		
	HAR	0.0%	1.9%	0.4%	0.3%	0.5%	0.4%	0.4%	0.4%		
	합계	25.8%	25.4%	26.8%	18.2%	11.9%	11.8%	12.3%	10.8%		

자료: 삼성전자, IBK투자증권
주: 매출액, 영업이익 합계는 내부거래 제외된 숫자임.

삼성전자 어닝 서프라이즈 관련 수혜주

한솔테크닉스(004710) : 현재가 6,830원(2019. 10. 08)

기업 내용

한솔그룹 계열사이며 파워모듈, LED 잉곳·웨이퍼, BLU제품, 태양광모듈, 휴대폰 제품의 생산 및 판매를 하는 업체로 삼성 갤럭시 A시리즈에 무선충전 RX모듈을 공급하고 있다.

실적 현황

2분기 매출액 2,339.42억 원(+20.63%), 영업 이익 81.55억 원(+278.74%), 순이익 65.07억 원(흑자 전환)

연간 실적 추이 및 전망 〔단위: 억원〕

투자지표	2015	2016	2017	2018	2019E	2020E
매출액	6,523	8,076	9,353	8,419	9,568	10,171
증감율 (% YoY)	15%	24%	16%	-10%	14%	6%
영업이익	165	232	305	156	297	423
증감율(%YoY)	91%	41%	31%	-49%	91%	42%
지배순이익	279	-476	187	-200	215	383
영업이익률(%)	2.5%	2.9%	3.3%	1.8%	3.1%	4.2%
지배순이익률(%)	4.3%	-5.9%	2.0%	-2.4%	2.2%	3.8%

자료: 전자공시, 키움증권 추정

상승 모멘텀

- 삼성의 초고해상도 신규 TV 출하량 급증으로 동반 성장이 예상 되며 태국 법인의 증설이 2020년 1분기 완료에 따라 매출과 실 적 증가가 기대된다.
- 삼성전자 중국 철수에 따른 ODM 비중 확대 계획에 따라 한솔 테크닉스 베트남 휴대폰 부분의 생산 증가와 사업의 안전성이 예상된다.
- 2019년 4분기 적자 사업 부분인 LED, ESS 부문에 대한 구조 조정이 마무리되면 향후 수익성이 확대될 것으로 예상된다.
- 2분기의 성공적인 유상 증자(500억 원·5,000원) 완료에 따른 사 업포트폴리오 재편 기대감과 추가 동력 확보에 따른 안정적인 성장이 기대된다.

리스크 요인

2분기 유상 증자 발행가 5,000원으로 보호예수기간 경과 시 차익 실현 매물이 나올 수 있으며 삼성전자 휴대폰 관련 ODM 확대에 따 른 정책 불확실성이 존재한다.

차트 분석

2019년 10월 8일 종가 기준 주봉 차트 분석상 볼린저밴드 중심선 부근을 중심으로 1년간 횡보하는 모습을 보이고 있으며, 기술적 지표상 바닥권에서 매수 다이버전스(괴리 현상) 모습을 보이고 있다. 장기간의 주가 횡보 모습과 볼린저밴드 변동 폭의 축소는 과거 변동성이 커질 때 나타났던 개인적 경험으로 보아 향후 상승이 가능할 것으로 보인다.

출처 : 유안타증권 티레이더

한솔테크닉스는 2019년 10월 8일 6,830원 이후 2020년 1월 9일 최고가 10,500원(상승률 53.7%)으로, 현재가 9,780원(상승률 43.2%)으로 상승했다.

기업 탐방으로 성장주 찾아보기

반도체 소부장 미스코리아는 누구일까

주식 투자를 할 때 가장 효과적인 종목 발굴 방법은 뭐니 뭐니 해도 직접 기업을 방문해서 관계자들과 대화를 나눠보는 것이다. 다음의 두 기업은 내가 직접 방문해 발굴한 사례로 언론에 기고한 탐방 내용이다. 가끔은 번거롭고 힘들더라도 직접 탐방해 급성장이 가능한 기업을 찾아보기 바란다.

▍미코·코미코 안성공장 방문(2019. 10. 24)

미코·코미코 고체 산화물 연료전지 안성공장 전경

2019년 10월 안성에 있는 미코(059090)·코미코(183300) 공장을 방문했다. 미코는 반도체 공정 중 CVD(증착)와 Eching(식각) 공정에서 핵심 부품으로 사용되고 있는 세라믹 소재 및 부품과 디스플레이 공정에 필요한 소재, 고체 산화물 연료전지(SOFC)를 생산하는 기업이고, 코미코는 국내 1위의 반도체 부품 세정, 코팅 업체로 삼성전자, SK하이닉스, 인텔, TSMC 등을 주요 고객사로 두고 있다.

미코·코미코가 연구하던 고체 산화물 연료전지(SOFC) 사업은 미코가 독자 추진하고 있고, 8월 초 서울시와 SOFC 실증사업을 추진 중에 있다. 또한, 미코가 자체 개발한 2KW급 SOFC시스템(모델명 TUCY)을 설치해 9월부터 실증 운전을 하고 있다.

미코의 2KW급 SOFC시스템은 투입하는 가스 열량 대비 생산하는 전기량 비율을 의미하는 발전효율이 최대 51.3%로 2KW급 수소 연료전지 중 국내 공식 최고 효율을 기록하고 있으며, 용량은 적지만 발전효율이 높은 연료전지로 평가받고 있다(2018년 상용화한 일본 교세라의 3KW 건물용 고체 산화물 연료전지 시스템의 발전효율(52%)과 비슷한 수준이다).

2KW급 SOFC시스템(모델명 TUCY)

현재 8KW급 SOFC시스템을 개발해 테스트 중에 있으며 2020년 상반기 KS인증을 받을 것으로 예상된다. 2KW급보다 크기는 2.5배가량 되지만 파워는 4배가 되어 굉장히 효율적이며 응용에 따라 100KW, 500KW 그 이상의 시스템으로 활용될 예정이다.

미코의 성장 기대 요인

- 전방산업(반도체, 디스플레이) 회복에 따른 실적 회복이 기대된다.
- 고체 산화물 연료전지(SOFC)의 생산 공장 완공에 따른 매출 및 실적 증가가 기대된다.

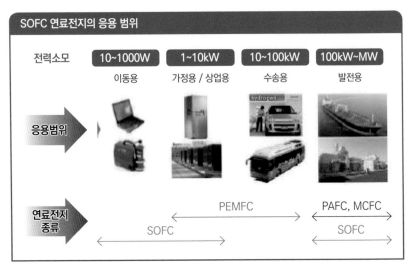

- 국내에서 유일하게 연료전지의 셀, 스택, 시스템을 자체 제작할 수 있는 기업으로 기술 경쟁력을 확보했으며, 2020년 본격적인 매출이 발생할 것으로 예상된다.
- 가격 경쟁력이 뛰어나서 상업용, 발전용으로 급격한 수요가 예상된다.
- 코미코와 미코바이오메드를 자회사로 두고 있어 동반 성장이 예상된다.

코미코의 성장 기대요인

- 2019년 4분기부터 중국 Wuxi 신공장 가동이 본격화되면 매출 및 실적 성장이 기대된다.
- 반도체 미세화에 다른 신기술 코팅으로 수요 증가와 매출 확대가 기대된다.

• 미국 Hillsboro법인 2020년 7월 완공 예정(Portland 인근에 있는 반도체칩 메이커를 대상으로 세정·코팅사업을 진행할 예정)으로 성장이 기대된다.

회사 관계자와 미팅 시 주요 내용

• 코미코의 실적은 향후 전방 산업의 회복으로 양호할 것으로 예상된다.

• 미코의 실적도 양호할 예정이며, 고체 산화물 연료전지 출시로 2020년 이후 폭발적인 발전과 성장이 기대된다.

• 향후 국내기업들과 고체 산화물 연료전지 관련 협약으로 동반 성장할 예정이며, 현재 추진 중인 기업도 있다.

• 2020년 상반기 고체 산화물 연료전지 KS인증 획득을 추진 중이다.

• 고체 산화물 연료전지 관련 별도 법인 설립도 가능할 것으로 보이고, 미코의 100% 자회사가 될 가능성이 크다.

• 서울시가 5월에 중·대형 민간 건물에도 고체 산화물 연료전지가 도입될 수 있도록 설계기준을 마련했으며 2020년부터 3,000㎡ 이상 건물 전체에 대해 서울시 녹색건축물 설계기준 심의대상으로 확대할 계획에 있다.

• 이탈리아와 고체 산화물 연료전지와 관련해 협의 중이며 이집트, 사우디 등 중동 지역에서도 석유 고갈 대비책으로 SOFC 사업에 관심이 많으며 접촉 중에 있다.

• 미코는 SOFC 셀, 스택, 시스템을 생산할 수 있는 일관 공정을 구축했다.

셀, 스택, 시스템

미코·코미코의 리스크 요인

• 전방산업인 반도체 업황 회복이 지연될 경우 매출 감소 가능성이 있다.
• 상황에 따라 고체 산화물 연료전지 상용화 지연 가능성이 존재한다.

결론을 내리면 미코·코미코는 반도체 업황 회복에 따라 혜택을 받을 수 있는 기업이고, 향후 성장 가능성이 대단히 높은 기업으로 사료된다. 특히 미코의 고체 산화물 연료전지(SOFC)는 미세먼지와 수소연료전지 등 환경과 관련된 전방위 산업에 활용 범위가 클 것으로 예상된다.

미코와 코미코 안성공장 방문(2019. 10. 24) 당시 두 기업의 주가는 미코 5,540원이었고, 코미코는 25,750원이었다. 2020년 9월 최고가 대비 미코 21,550원과 코미코 45,400원을 비교하면 각 289%,

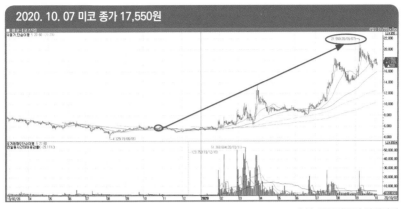

2020. 10. 07 미코 종가 17,550원

출처 : 유안타증권 티레이더

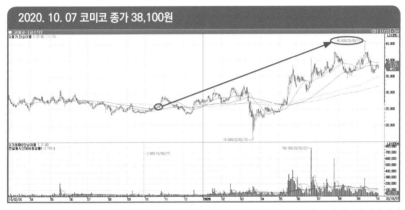

2020. 10. 07 코미코 종가 38,100원

출처 : 유안타증권 티레이더

76% 상승했으며 오늘 종가로 비교해도 217%, 48% 상승했다.

　이렇듯 직접 방문해서 기업을 살피고 임직원들과 대화를 해 분석을 한다면 종종 주식 투자 인생에 자기만의 진짜 종목을 찾을 수 있다. 번거롭고 귀찮고 힘들지만 가급적 많은 기업을 방문해서 성장 기업을 직접 찾아보자.

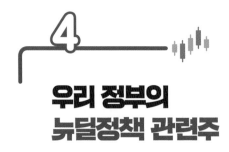

우리 정부의
뉴딜정책 관련주

    다음 종목들은 2020년 우리 정부가 강력하게 추진하고 있는 한국판 뉴딜 관련 분야와 관련주들이다. 향후 정부 지원에 따른 수혜가 예상되므로 정성 요인과 정량 요인을 분석하고 차트와 기술적 지표를 활용해 중장기·단기 투자와 스윙·단타 트레이딩으로 대응하자.

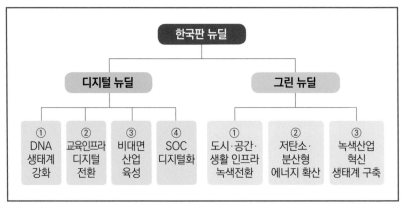

자료 : 대한민국 정부, KB증권

KRX BBIG K-뉴딜 40종목

배터리 10종목

LG화학, 삼성SDI, SK이노베이션, 포스코케미칼, SKC, 에코프로비엠, 일진머티리얼즈, 두산솔루스, 후성, 천보

바이오 10종목

삼성바이오로직스, 셀트리온, SK바이오팜, 셀트리온헬스케어, 유한양행, 씨젠, 알테오젠, 셀트리온제약, 한미약품, 한미사이언스

인터넷 10종목

NAVER, 카카오, 더존비즈온, 케이엠더블유, NHN한국사이버결제, 아프리카TV, KG이니시스, 서진시스템, 안랩, 유비쿼스홀딩스

게임 10종목

엔씨소프트, 넷마블, 펄어비스, 컴투스, NHN, 더블유게임즈, 웹젠, 네오위즈, 위메이드, 골프존

데이터 댐 관련 13종목

클라우드

KT, LG유플러스, 카카오, NAVER, 더존비즈온

SI업체

삼성에스디에스, 포스코ICT, SK, 롯데정보통신, 현대오토에버

5G네트워크

SK텔레콤, KT, LG유플러스

지능형 정부 관련 10종목

SI업체

삼성에스디에스, 포스코ICT, SK, 롯데정보통신, 현대오토에버

클라우드

KT, LG유플러스, 카카오, NAVER, 더존비즈온

그린 스마트 스쿨 관련 25종목

무선망

머큐리, 전파기지국, 이노와이어리스, 기산텔레콤

스마트기기

삼성전자, LG전자, LG디스플레이, 인터플렉스, 비에이치

온라인학습 플랫품

메가스터디, YBM넷, 디지털대성, 멀티캠퍼스, 청담러닝, 아이스크림에듀, 비상교육

태양광

한화솔루션, OCI, 레이크머티리얼즈, 현대에너지솔루션, 에스에너지

친환경 단열재

LG하우시스, KCC, 벽산, 한솔홈데코

SOC 디지털화 관련 16종목

5G네트워크

SK텔레콤, KT, LG유플러스, 에이스테크, 머큐리, 다산네트웍스

IoT센서

에이디칩스, 에이디테크놀로지, 켐트로닉스

IoT시스템

누리텔레콤, 아이앤씨, 옴니시스템

수도 및 수질 관리

뉴보텍, 도화엔지니어링, 에쎈테크, 자연과환경

스마트 그린 산단 관련 9종목

오토메이션

포스코ICT, 삼성에스디에스

폐기물 처리

코엔텍, 인선이엔티, 와이엔텍

스마트그리드

옴니시스템, 누리텔레콤, 피앤씨테크, 피에스텍

그린 리모델링 관련 16종목

친환경 건축자재

LG하우시스, KCC, 하츠, 벽산

태양광

한화솔루션, 현대에너지솔루션, 신성이엔지, OCI, 레이크머티리얼즈, 에스에너지

LED조명

서울반도체, 누리플랜, 금호전기

전선·통신선 공동지중화

제룡전기, LS전선아시아, 이엠코리아

그린 에너지 관련 14종목

풍력

씨에스윈드, 동국S&C, DMS, 유니슨, 태웅

태양광

한화솔루션, 현대에너지솔루션, 신성이엔지, OCI, 유니테스트

수소

한화솔루션, 효성첨단소재, 효성, 미코

그린 모빌리티 관련 16종목

친환경차

현대차, 기아차

전기차 부품

현대모비스, 한온시스템, 만도, 우리산업, 모토닉, 화신, 세종공업,
지엠비코리아

배터리 소재

에코프로비엠, SK머티리얼즈, 일진머티리얼즈, 두산솔루스, 후성,
천보

5

재야 고수의 매매 원칙 배우기

증시 시작 전 해야 할 일

- 자신만의 투자 원칙 및 매매 방법과 전략을 연구하고, 매매 시나리오를 계획해서 트레이딩하라.
- 항상 적들이 개인 투자자들의 탐욕과 공포를 이용해 매매한다는 것을 기억하라. 계획하에 매매하고, 이성적으로 트레이딩하라.
- 매매 시나리오를 미리 작성하고 철저하게 시나리오에 따라 트레이딩하라.
- 깡통을 차고 싶은 게 아니라면 빨리 부자가 되려고 안달하지 마라.
- 항상 이익보다 생존을 먼저 생각하라.
- 고민하고 또 고민해서 계획하고, 트레이딩할 때는 생각하지 말고 기계적으로 대응하라.

- 주식 시장은 영원히 열리니 한 번에 끝장을 보려고 모험하지 마라.

증시 시작부터 마감까지 해야 할 일

- 매매 가격은 반드시 온다. 시나리오 가격까지 기다리고 기다려라.
- 증시 추세에 순응해서 매매하라. 미스터 마켓과 맞서지 마라.
- 많이 생각하고 적게 행동하라.
- 단순 무식하게 계획된 시나리오대로 매매하라.
- 자신의 매매 원칙을 목숨처럼 지켜라. 원칙이 무너지면 깡통 찬다.
- 이익이 나면 일단 일정 부분 익절해서 챙겨둔다. 조금만 더, 조금만 더 하며 상한가 욕심을 내다 물려서 '존버'된다.
- 매수하자마자 수익이 나면 일단 반은 챙겨라. 열에 아홉은 다시 내려온다.
- 분할 매수! 손절 철저! 몰빵 금지! 내사오팔! 이 4가지 원칙만 지켜도 손실은 보지 않는다.

증시 마감 후 해야 할 일

- 장 끝나면 산책이나 운동부터 하라.
- 매매 일지를 반드시 작성하고 산책과 운동을 하면서 성공 이유와 실패 원인을 복기하라.

- 항상 일정 비율로 매매하고 투자 수익금은 일단 인출해서 현금 계좌에 넣어놓는다.

- 주 단위, 월 단위로 수익금에 대한 투자 계획을 작성하라. 매매 수익금은 장기 투자 계좌를 개설해서 적립식으로 장기 분할해 줍줍하라.

- 큰 수익과 손실 뒤에는 반드시 휴식을 취하라. 큰 수익으로 자신감이 넘쳐날 때와 큰 손실로 자신감을 잃었을 때는 투자금을 1/10 수준으로 줄여서 매매하라.

- 수익이 났을 때는 내 실력이 아니라 운이라고 생각하라. 항상 겸손하라.

- 인생에는 주식 투자·트레이딩보다 중요한 것이 훨씬 많다는 것을 항상 생각하라. 가족의 사랑, 친구와의 우정, 명예, 봉사, 헌신 등 많은 사람과 함께 기쁨을 누려라. 사실 이 부분이 가장 어렵다.

- 일찍 자고 일찍 일어나라. 이것도 두 번째로 어려운 부분이다.

- 술 먹지 말고, 담배 피지 마라. 번 돈 전부 쓰고 죽으려면 건강해야 한다.

30년 가까이 주식 시장에서 많은 시행착오를 겪었고, 다양한 경험을 했으며, 많은 투자자들과 인연을 맺었다. 되돌아보니 고수가 되거나 슈개(슈퍼개미)가 된 성공한 투자자들은 나름의 원칙과 철학이 있는 멋진 사람들이었다. 아무쪼록 이 책을 읽은 주린이들이 주식 시장에서 살아남고, 성공적인 투자자가 되기를 진심으로 기원하며 책을 마감한다.

마지막으로 본문의 내용들은 개인적인 투자 경험과 매매 노하우 등으로, 맹목적으로 따라 하기보다 자신의 투자 원칙과 매매 전략, 방법을 마련하는 데 활용하기 바란다.

주식 시장은 예측과 대응의 시장이다

예측의 사전적 정의는 '미리 헤아려 짐작함'이고, 대응의 사전적 정의는 '어떤 일이나 사태에 맞추어 태도나 행동을 취함'이다. 주식 시장의 애널리스트들은 적어도 일주일에 한 번씩 미래를 전망한다.

"내일은 오를 것이다."
"미래의 일정한 시점에 상승할 것이다."

모든 예측은 긍정적인 면과 부정적인 면이 함께 고려되어야 정상적이다. 특히 긍정적 예측과 달리 부정적 예측으로 리스크에 대한 대비가 더욱 중요한 시장이 주식 분야인데, 아쉽게도 우리 주식 시장의 애널리스트들은 부정적인 예측을 거의 하지 않는다. 대부분의 하우스에서 부정적인 내용은 쓰지 못하게 하는 이유도 있지만, 기업들과 투자자의 항의와 협박(?)이 무섭기 때문이다.

많은 주식 투자자들이 장밋빛 환상을 가지고 주식 투자를 시작한다. 주변의 정보와 매스컴의 뉴스, 특히 애널리스트들의 리포트를 맹신해 투자하는 사람들이 열에 아홉으로 압도적이다. 사실 초보인 지인의 추천 종목으로 매매하는 투자자도 너무 많다.

많은 투자자들이 희망과는 반대로 펀더멘털 훼손에 따른 악재로 주가가 급락해도 손절매하지 않고 버티거나 물타기를 하는 경우가 비일비재하다(요즘은 '존버'라는 용어도 등장했다). 내일은 오르겠지 하는 희망과 간절함으로 길게는 수년, 짧게는 수개월 기도하며 투자한다.

"본전만큼만 올라주면 다시는 투자하지 않겠습니다."
"다음에는 무조건 손절매를 하겠습니다."

개인적 경험으로 봤을 때, 기도하는 마음이 들 때가 손절매의 절호의 타이밍이다. 기도하지 말고 손절하는 것이 계좌 잔고와 정신 건강에 유리하다.

부정적 예측의 한 사례이지만, 예측과 관련된 실화를 하나 소개하겠다. 1987년 미국 다우지수가 2,641포인트일 때 리먼 브라더스의 애널리스트인 일레인 가자렐리가 대폭락이 임박했다고 발표했다. 나흘 뒤에 실제로 지수가 1,739포인트까지 -34% 급락하며 그녀는 '세기의 예측가'라는 찬사를 들었다. 이후 다우지수가 1,939포인트로 반등하자 1,000~1,500까지 다시 떨어질 확률이 높다고 예측해 발표했으나 행운은 다시 찾아오지 않았고, 반대로 주식 시장은 꾸준하게 상승했다. "좀 늦은 감이 있지만 내가 분석한 지표에 따르면 최근에서야 상승세를 확인할 수 있었다"면서 서너 달 뒤 가자렐리가 예측을 번복했으나 이미 때는 늦었다. 그녀의 명성에 힘입어 규모를 키웠던 가자렐리 펀드는 저조한 성적을 거듭하다 1994년 폐쇄되었으며, 그녀 역시 시장에서 퇴출당했다. 한 번의 예측으로 스타가 되었으나 반대 상황에 대한 대응을 하지 못해 시장에서 사라지는 경우를 우리는 주식 시장의 역사에서 많이 보았으며 경험했다.

'주식 시장은 악재에 하락한다. 그러나 항상 다시 오른다.'
'주식 시장은 호재에 상승한다. 그러나 항상 다시 내린다.'

내림과 오름을 반복하는 시장이 주식 시장이다. 주식 시장의 내림과 오름을 예측해서 매매하고, 예측과 달리 시장이 움직이면 순발력 있게 대응하는 작업을 해줘야 주식 시장에서 더 큰 이익을 얻을 수 있고 성공적인 투자자가 될 수 있다.

'얼마에 사서 얼마에 팔고, 얼마에 이익실현을 하겠다.'
'얼마에 사서 얼마가 무너지면 손절매를 하겠다.'

주식 투자자는 원칙이 있어야 하며 상승과 하락에 대한 매매 시나리오가 준비되어 있어야 실수하지 않는다. 오늘도 수많은 투자자가 내일의 등락을 알아맞히려고 노력한다. 주식 시장에서 내일의 주가를 맞히겠다거나 다음 달의 지수를 맞히겠다는 것은 시장의 변덕을 예측하려는 순진한 행위이다.

주식 시장은 예측의 영역이 아니라 대응의 영역이다. 예측으로 시장을 이기려 하면 단기적인 롤러코스터에 지치고 포기하게 된다.

주식 시장은 장기적인 계획으로 방향을 예측하고 단기적인 롤러코스터에 대응해야 성공한다. 예측이 틀리면 빠르게 대응하자.

주린이를 위한 주식 투자 지침서

주식 트레이딩 바이블

제1판 1쇄 발행 ㅣ 2020년 12월 30일

지은이 ㅣ 권혁렬

펴낸이 ㅣ 손희식

펴낸곳 ㅣ 한국경제신문 *i*

책임편집 ㅣ 우민정   디자인 ㅣ 노경녀(n1004n@hanmail.net)

기획 · 제작 ㅣ ㈜두드림미디어

주소 ㅣ 서울특별시 중구 청파로 463

기획출판팀 ㅣ 02-333-3577

E-mail ㅣ dodreamedia@naver.com

등록 ㅣ 제 2-315(1967. 5. 15)

ISBN   978-89-475-4681-2 (03320)

한국경제신문 *i* 재테크 도서 목록